中青年经济学家文库

ZHONGQINGNIAN JINGJIXUEJIA WENKU

控制感缺失对创造体验型消费意愿的影响研究

肖皓文／著

The Effect of Control Deprivation on Experiential Creation Consumption

中国财经出版传媒集团

经济科学出版社

Economic Science Press

图书在版编目（CIP）数据

控制感缺失对创造体验型消费意愿的影响研究／
肖皓文著. -- 北京：经济科学出版社，2023.1
ISBN 978 - 7 - 5218 - 4476 - 4

Ⅰ.①控… Ⅱ.①肖… Ⅲ.①消费者行为论 - 研究
Ⅳ.①F036.3

中国国家版本馆 CIP 数据核字（2023）第 014016 号

责任编辑：宋艳波
责任校对：杨　海
责任印制：邱　天

控制感缺失对创造体验型消费意愿的影响研究

肖皓文　著

经济科学出版社出版、发行　新华书店经销

社址：北京市海淀区阜成路甲 28 号　邮编：100142

总编部电话：010 - 88191217　发行部电话：010 - 88191522

网址：www. esp. com. cn

电子邮箱：esp@ esp. com. cn

天猫网店：经济科学出版社旗舰店

网址：http：//jjkxcbs. tmall. com

固安华明印业有限公司印装

710 × 1000　16 开　10.5 印张　200000 字

2023 年 1 月第 1 版　2023 年 1 月第 1 次印刷

ISBN 978 - 7 - 5218 - 4476 - 4　定价：68.00 元

（图书出现印装问题，本社负责调换。电话：010 - 88191545）

（版权所有　侵权必究　打击盗版　举报热线：010 - 88191661

QQ：2242791300　营销中心电话：010 - 88191537

电子邮箱：dbts@ esp. com. cn）

前　言

　　控制感是指个体关于获得自己想要的、规避不想要的结果及达到目标的能力的信念。维持控制感是人们的基本需求，然而消费者常常面临个人控制感被威胁的情况。大量研究探讨了控制感缺失的个人是如何通过补偿消费或者应对策略去修复个人控制感的。根据控制补偿理论，个体会通过各种应对策略进行自我调节，帮助修复控制感。在消费行为的研究中，控制感缺失的个体主要有两种应对策略：一种应对策略表现出秩序寻求倾向，即更偏好能够带来"秩序"的外部环境。在消费行为中，体现在产品和品牌或购物环境的特征中，如产品或品牌是否有边框或是数字形式等。通过产品中的"秩序"，来重新建立外部环境的秩序或可预测性。另一种应对策略是通过产品提高消费者的个人代理感，即个体自身拥有必要资源以达到期望结果的信念，如控制感缺失的个体会偏好品牌、需要高质量的产品、实用品等。此时产品是一种赋能工具，可以提升消费者自身的个人代理感。总之，无论是对产品中秩序的寻求，还是通过产品提升个体内部代理感，都是在探讨产品或品牌本身特征，即消费的结果如何帮助消费者修复控制感。然而，顾客参与在如今的消费活动中也越来越重要，消费者乐于参与产品的创意、设计和生产过程，这种过程的参与给消费者带来了选择和作决定的能力，还可以让消费者体会到行为和结果之间的因果关系，提升自身的因果信念。这些都与消费者的控制感息息相关。因此，本书关注的是控制感缺失的消费者是否会对产品形成过程参与表现出更大的偏好。

消费者参与并产生结果的消费活动被称为创造体验型消费。本书认为控制感缺失的消费者可能通过参与创造体验型消费来重获或修复他们的控制感；并通过1个二手数据分析和4个实验，探讨了控制感缺失对创造体验型消费行为参与意愿的影响及其中介机制和可能的边界条件。

首先，本书探究了控制感缺失对创造体验型消费行为参与意愿的影响主效应。研究1通过二手数据初步检验控制感缺失与个体创造性意愿之间的关系。使用的数据来自一项全球性调查——世界价值观调查（World Value Survey，WVS）第六波的数据，这一调查数据被广泛应用于社会科学研究。结果发现，个体的控制感越低，其创造意愿越高。这一研究初步为本书的主效应提供了支持。研究2进一步采用实验法检验控制感缺失和创造体验型消费行为意愿的因果关系。通过写作任务操控被试的控制感，然后让被试在自制和购买成品巧克力中做选择，以此来测量被试参与创造体验型消费的意愿，结果同样支持本研究的主假设。

其次，本书检验了感知自主性在控制感缺失对创造体验型消费行为、消费意愿的影响过程中的中介效应。相比于直接获得产品，参与创造体验消费能够提高消费者的感知自主性，给消费者带来掌控过程和结果的感觉，从而补偿其控制感。因此，控制感低的消费者更愿意参与创造体验型消费。通过两个实验检验中介效应并排除其他解释机制。研究3直接在创造体验型消费的情境中进行实验。采用阅读材料的方式操控被试的控制感，然后测量被试的购买意愿和感知自主性。实验结果发现，感知自主性的中介效应显著。为了进一步明确中介解释机制，研究 4 则通过操控的方式，将同一产品操控为高创造性和低创造性产品，结果发现，在高创造体验型产品组，控制感缺失会提高被试的消费意愿，感知自主性在其中起到了中介作用；在低创造体验型产品组，控制感缺失对消费意愿的影响不显著。结果同样支持本书的中介效应假设。

最后，本书探究了创造体验型消费中限制性在上述影响过程中的调节作用。与之前的研究一致，研究 5 通过写作任务操控被试的控制感，然后让被试在自己制作和购买成品之间做选择。本次实验通过改变创造体验型消费过程和结果的确定性程度来操控创造体验型消费的限制性。实验结果发现，当限制性较低时，低控制感的被试更多地选择了自己制作；当限制性较高时，即完成的过程和目标比较确定时，会削弱消费者的感知自主性，从而降低了创造体验型消费对控制感的补偿。由于已有研究发现创造体验型消费的限制性越高，感知自主性越低，本次实验既检验了限制性的调节作用，也进一步检验了感知自主性的中介作用。

综上所述，对于创造体验型产品，控制感缺失能够提高消费意愿，其中的解释机制是感知自主性。这一效应成立的边界条件是创造体验型消费的限制性较低。本书结论具有较强的理论意义和实践启示。

在理论方面，首先，本书拓展了控制补偿理论。已有的控制感补偿的研究主要集中于关注营销情境下的产品、品牌等消费结果如何补偿控制感，而本书探讨过程参与是否可以补偿控制感，拓展了控制补偿理论。其次，本书对自主性研究和自我决定理论有一定的贡献。现有研究主要从秩序寻求倾向和个人代理感等视角解释控制感的补偿行为，而本书揭示了感知自主性在控制感缺失和创造体验型消费之间起到的中介作用，拓展了自我决定理论的应用。最后，本书丰富了创造体验型消费的研究。已有的研究大多从动机，如社会比较、学习、展现能力和自主性等方面探讨消费者对创造体验型消费的参与，而本书从控制感视角揭示了消费者创造体验型消费的动因，帮助我们进一步理解创造体验型消费。

在实践方面，本书的研究结论对企业和消费者本身都有重要的启示。对于企业来说，本书的结论为营销沟通策略提供了一定的指导。根据本书结论，企业可以根据实际情境，通过广告诉求启动消费者的控制感或者根据地域等场景特征识别控制感低的消费者，或是在产品沟通过程中加入创造体验性和其他适当元素，提高消费者的感知自主性。对于消费者来说，本书对提高其控制感具有重要意义。本书检验了感知自主性和创造体验型消费对控制感的补偿作用，根据这一结论，企业、社会组织及政府部门可以通过提高感知自主性和创造体验性的方式提升消费者控制感，从而增进消费者福祉。

目　录
Contents

第一章

绪　　论

第一节　问题提出

控制感是指个体关于获得自己想要的、规避不想要的结果以及达到目标的能力的信念（Burger，1985；Thompson，1991；Langer，1975a）。维持控制感一直以来被认为是人们生活的基本驱动力，对个人心理和生理健康有重要影响（Lachman and Weaver，1998）。例如，当人们拥有控制感时更能忍受疼痛（Glass et al.，1974）；了解治疗程序可以缓解紧张甚至减少恢复时间（Luck et al.，1999）。相反，缺乏控制感是一种非常消极的状态，可能导致焦虑、抑郁等（Lachman and Weaver，1998）。然而，控制感缺失的情况普遍存在，自然环境和社会文化环境都可能威胁消费者的控制感，如自然灾害、政治动乱、经济危机，甚至是求职失败和交通堵塞等都会威胁人们的控制感（Chen et al.，2017a；Cutright and Samper，2014）。所以大量研究探讨控制感缺失时人们的感知、情绪和行为反应（Whitson and Galinsky，2008；Kay et al.，2009；Landau et al.，2015）。

根据控制补偿理论，在控制感受到威胁时，个体会通过各种方式进行自我调节，以修复控制感（Landau et al.，2015；Mandel et al.，2017）。控制感缺失的个体在消费行为中主要有两种应对策略：一种应对策略表现出秩序寻求倾向，消费行为会表现得更加"保守"。例如，更偏好点值（相比于范围值）的数字形式（Lembregts and Pandelaere，2019）、更偏好传统产品而不是新产品（Faraji-Rad et al.，2017）、更偏好有边框的产品或品牌（Cutright，2012）等。可以发现，在控制感缺失时，消费者更加偏好能够传达"秩序"的产品，以通过产品中的"秩序"，来重新建立外部环境的秩序或可预测性（Whitson and Galinsky，2008；Lembregts and Pandelaere，2019）。另一种应对策略是通过产品提高消费者的个人代理感（personal agency），即个体自身拥有必要资源以达到期望结果的信念（Landau et al.，2015）。例如，控制感缺失的个体会偏好领导品牌，因为领导品牌的高代理感会提升消费者的个人代理感，从而修复控制感（Beck et al.，2020）。同样地，消费者也会表现出对需要高质量的产品（Cutright and Samper，2014）、实用品（Chen et al.，2017a）的偏好，此时产品是一种赋能工具，可以提升消费者自身的个人代理感，帮助其直接修复控制感缺失（Mandel et al.，2017）。此外，当个人能力受到限制时，消费者还会通过幸运产品或品牌获得对未来结果的控制幻觉（Hamerman and Johar，2013）。总之，无论是对产品中秩序的寻求，还是通过产品提升个体内部代理感，都是在探讨产品或品牌本身的特征，即消费的结果如何帮助消费者修复控制感。通过消费结果来补偿控制感缺失是一种广泛的消费者行为选择，既有文献对其中的机制和边界也展开了丰富的研究，为该领域的研究奠定了丰富的文献基础。

然而，顾客参与在如今的消费活动中也越来越重要，消费者乐于参与产品的创意、设计和生产过程（Rudd et al.，2018），其相关行业已经成为全球产业中增长最快的行业之一，如 DIY 产业（Tratensek et al.，

2006）、顾客参与设计（Moreau and Herd，2010）、顾客参与产品创意（Chang and Taylor，2016）等。消费者参与消费过程并产生结果的消费活动被称为创造体验型消费（Dahl and Moreau，2007）。在创造体验型消费中，消费者有一定的自由选择和决定消费过程或结果的能力，这种选择能力与个人控制感紧密相关（Inesi et al.，2011）。一方面，个人选择能力直接反映了个体是否拥有选择路径和选项的能力，即对外部环境的控制能力；另一方面，自主选择还可以让消费者体会到行为和结果之间的因果关系，提升自身的因果信念，从而提升控制感（Langer，1975b；Zuckerman et al.，1978）。因此，本书探讨控制感缺失这一普遍存在的状态是否能够影响创造体验型消费，这对于控制感和创造体验型消费的研究都具有十分重要的理论和实践意义。

综上，本书聚焦于控制感缺失对创造体验型消费意愿的影响，主要围绕以下几个问题展开：

（1）控制感缺失是否会影响创造体验型消费意愿？

（2）控制感缺失如何影响消费者的创造体验型消费意愿，其中介解释机制是什么？

（3）上述效应发生是否存在一定的条件，即存在什么样的边界条件？

第二节 研究意义

一、理论意义

本书基于控制补偿理论、自我决定理论和创造体验型消费的相关研究，探讨控制感缺失这一普遍存在状态对消费者创造体验型消费意愿的影响、机制以及存在的边界条件。具体来说，本书的理论意义体现在以下三个方面。

第一，拓展了控制补偿理论。已有的补偿性消费（compensatory consumption）或应对策略（coping strategy）的研究发现，控制感缺失的个体在感知上和消费行为中都表现出秩序寻求的倾向（Cutright，2012；Whitson and Galinsky，2008；Lembregts and Pandelaere，2019），本研究发现，由于过程参与带来的自主性，使得控制感缺失的消费者也可能表现得更有"创意"。研究结果表明，创造体验型消费也可以作为控制感缺失的消费者的一种补偿或应对策略，这一结论有效拓展了控制补偿理论。

第二，补充了自主性和自我决定理论。已有研究从秩序寻求（Lembregts and Pandelaere，2019）、问题解决倾向（Chen et al.，2017a）、内部代理感（Beck et al.，2020）和外部代理感等机制讨论个人控制感的补偿，本书通过实证检验，揭示了感知自主性在控制感缺失和创造体验型消费之间起到的中介作用，这对自主性和自我决定理论是有益的补充。

第三，丰富了创造体验型消费的研究。以往关于创造体验型消费的研究集中探讨个人因素，如控制点、隐喻思考能力（Burroughs and Mick，2004）；环境因素，如时间限制、情境卷入度、环境噪音（Burroughs and Mick，2004；Mehta et al.，2012）；社会影响因素，如自我展示、社会比较、社会认同等（Moreau and Herd，2010；Dahl and Moreau，2007；Mochon et al.，2012；Mehta et al.，2017；Burroughs et al.，2011）。与这些研究不同，本书从消费者个人控制感角度探讨创造体验型消费参与的动因，丰富了创造体验型消费的研究。

二、实践意义

正如前面所说，控制感是人类的基本需求，而控制感缺失是每个人都会面对的常见状态，因此，从消费者控制感视角研究消费行为对企业和消费者本身都有重要的实践意义。

对于企业来说，首先是对相关的创造体验型产品企业有一定的指导意义。既然控制感是这一类消费的重要驱动因素，那么企业可以据此制定营销策略。营销人员可以将控制感操控作为营销手段和工具，如社会密度（Consiglio et al.，2018）、社会排斥（Su et al.，2017）等都会影响消费者的控制感。其次，对于大型跨地区企业和行业的营销策略具有一定的指导意义。识别目标客户的控制感可以作为企业推出创造体验型产品的重要营销策略，例如，从地域考虑，多灾多难的地区、贫穷地区的消费者控制感普遍较低（Yoon and Kim，2018）。最后，对于产品的沟通策略具有一定的指导意义。根据本书的结论，营销人员可以在沟通过程中适当加入提升消费者感知自主性和创造体验性的元素。例如，在广告中强调创造体验性或在包装和产品设计中加入更多需要消费者参与的环节。

对于消费者来说，本研究对提高其控制感具有重要意义。本书的结论表明，感知自主性和创造体验型消费可以修复消费者的控制感，对提高消费者的福祉有重要意义。根据这一结论，企业、社会组织和政府部门都可以通过提高自主性和创造性的方式提升消费者控制感，从而增进消费者福祉。

第三节　研究内容和方法

一、研究内容

本书一共包括六章，各章内容分别概括如下。

第一章为绪论。本章主要内容包括研究背景和问题的提出、研究的理论和实践意义、研究内容和方法以及主要创新共四个方面的内容。首先，根据研究背景提出本书的研究问题，即控制感缺失对创造体验型消费意愿的影响、中介机制及边界条件。其次，阐述本研究的理论和实践意义并说明研究内容的安排和研究方法。最后，总结本研究的主要创新点。

第二章为文献综述。本章的内容主要是对相关的研究文献进行梳理和总结。第一节回顾了控制感的相关文献。第一，介绍控制感的概念及其影响；第二，梳理威胁补偿的三个相关理论：控制补偿理论、恐怖管理理论和意义维持模型；第三，总结控制感缺失的补偿策略，并对三种补偿策略及其对行为的影响进行回顾；第四，整理了个体差异和情境因素的调节作用；第五，对控制感相关的文献进行评述。第二节回顾了创造体验型消费的相关文献。首先，对创造体验型消费的概念和积极影响进行全面回顾；其次，总结了创造体验型消费的主要驱动因素；再次，对创造体验型消费过程中创造力表现的影响因素等进行了梳理；最后，对现有创造体验型消费的研究进行了评述。

第三章为相关理论基础。本书涉及的理论主要包括自我决定理论、自我差异与补偿消费模型两个部分。第一节是自我决定理论的相关内容。首先从自我决定理论的内涵出发，然后回顾该理论的发展和应用，最后梳理了自我决定理论在消费行为中的应用。第二节是自我差异与补偿消费模型。这一部分的内容首先是自我差异的概念、特征、来源；其次梳理了常见的五种自我差异与补偿消费的类型，并总结了补偿消费减少自我差异的几种方式；最后，讨论了五种不同补偿策略的选择问题，回顾了呈现方式、自尊、时机、类型和文化等调节消费者对补偿策略选择的因素。

第四章为假设演绎和研究模型。本章基于上文中的文献回顾和理论基础，进行逻辑推演，提出本书的三个研究假设。假设1：控制感缺失促进消费者参与创造体验型消费；假设2：感知自主性中介控制感缺失对创造体验型消费意愿的影响；假设3：限制性调节上述效应，具体来说，当创造体验型消费为高限制性（vs. 低限制性）时，控制感缺失对创造体验型消费意愿的促进作用会被削弱。本章第二节界定了研究假设中涉及的变量，并构建了研究模型。

第五章为实证研究部分。本章共有五个研究，二手数据和实验法相结合的研究方式既提供了外部效度，也保证了内部效度。实证研究的逻辑按照主效应、中介和调节的顺序依次进行。实验的基本逻辑是先操控被试的控制感，然后测量被试的创造体验型消费意愿。实验采用了不同的控制感操控和创造体验型消费的类型来检验本书的假设，提高了实验结果的外部效度。研究1通过大规模的二手数据分析为假设1提供了初步的证据。结果发现，个人控制感和创造意愿存在负向的相关关系，即控制感越低，创造意愿越高。研究2使用实验法更为严谨地检验了控制感缺失和创造体验型消费意愿之间的因果关系。在此基础上，研究3进一步揭示其中的中介机制，即感知自主性的中介作用。为了排除其他解释的影响，研究4将同一产品操控为创造体验型产品和非创造体验型产品，以此来更加明确地检验研究假设。最后，研究5检验假设3，即创造体验型消费的限制性的调节作用。

第六章为总体讨论。第一节，对前面的研究结论进行总结和阐述，即控制感缺失会提高消费者创造体验型消费意愿，其中的中介机制是感知自主性。创造体验型消费的限制性能够调节这一效应。第二节和第三节分别概括了研究的理论贡献和实践启示。理论方面，本书主要是补充了控制补偿理论、自我决定理论和创造体验型消费的相关研究。实践方面对企业进行营销和增进消费者福祉都有一定的启示。最后一节指出了现有研究的不足和未来的研究方向，主要体现为以下三个方面：缺少田野数据的观察和测量、与控制感相关个人特质的影响值得进一步探索，以及更多的消费情境值得进一步探索。

本书的内容安排具体如图 1 - 1 所示。

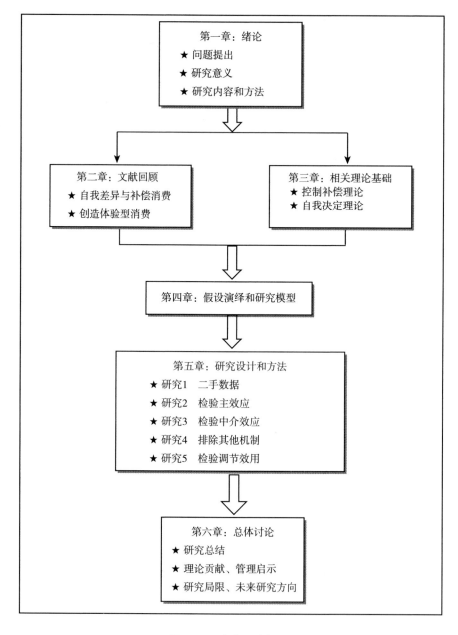

图 1 - 1　本书研究框架

二、研究方法

本书采用定性和定量相结合的研究方法，先后采用文献调查法和实证研究方法。首先，通过文献回顾，为研究模型的构建打下基础。其次，根据本书的选题，实证研究部分采用二手数据分析和实验法相结合的方法。大样本的二手数据保证了研究结论的普遍性与广泛性，而实验法能有效揭示研究模型的因果关系。通过二者的结合，既保证了研究结论的外部效度，又保证了其内部效度。

1. 文献调查法

通过文献查询法对自我差异和创造体验型消费的相关文献进行综述，了解当前相关研究的现状，在已有研究的基础上找到理论创新的缺口，提出研究问题，即控制感缺失如何影响创造体验型消费意愿、中介机制及可能存在的边界条件。然后对研究中涉及的自我决定理论和控制补偿理论进行梳理，为后面的假设演绎和模型构建打下基础。总的来说，文献调查法主要是为本书的问题提出和模型构建提供理论支持。

2. 二手数据法

在实证研究部分，本书首先通过一个大规模的跨国样本数据，探索控制感与创造意愿之间的关系。所使用的数据来自世界价值观调查（world value survey，WVS）第六波的调查。该调查自 1981 年开始，已覆盖 100 多个国家和地区、90% 左右的全球人口（Inglehart，2018）。本书所使用数据收集时间跨度为 2010～2014 年，收集方式是通过面对面的访谈。共有样本 89565 个，来自 59 个不同的国家和地区。二手数据虽然不能建立因果关系检验我们的模型，但是可以为本研究的主效应提供初步的证据，并且大样本的数据有效提升了本研究的外部效度，弥补了实验法的不足。

3. 实验法

在实证研究部分，后面的研究都采用实验法。根据研究假设和研究模型，本书共设计了四个实验。实验的思路是按照主效应—中介—调节的顺序依次检验。实验的最基本方法是，先通过操控被试的控制感，然后测量其创造体验型消费意愿。实验一通过写作任务操控被试的控制感，然后让被试在自制和购买成品巧克力中做选择，以此来测量被试的创造体验型消费意愿。实验二则仅在创造体验型消费情境下，检验中介机制。通过阅读实验材料的方式操控被试的控制感，然后测量被试对创造体验型产品的购买意愿以及中介变量感知自主性。为了排除其他解释机制，实验三通过操控的方式，将同一产品区分为高创造性和低创造性产品。最后，实验四检验创造体验型消费的限制性的调节作用。通过改变创造体验型消费的过程和结果来操控限制性。

四个实验中，操控个人控制感的方法有阅读材料和回忆写作任务两种。创造体验型消费意愿则采用对创造体验型产品的购买意愿和对创造体验型消费行为的选择来测量。实验中的材料和操控方法均参考权威期刊中使用的材料和方法，适当修改后通过前测实验，保证方法和材料的有效性。总之，四个实验使用了不同的操控方法、不同实验刺激及实验材料，保障了实验结果的稳健性。

第四节　主要创新

本书基于自我决定理论、控制感相关研究及理论和创造体验型相关文献，系统探讨了控制感缺失对创造体验型消费意愿的影响，揭示了感知自主性的中介作用及创造体验型消费限制性的调节作用。具体来说，本书的创新点有以下三个方面。

第一，本书从过程补偿视角探讨了控制感缺失对创造体验型消费意愿的影响。以往的研究发现，控制感缺失时，个体可以通过消费行为帮助修复控制感。一种方式是通过产品来重新建立外部环境的秩序感。例如，控制感缺失的消费者会更加偏好有边界的产品和品牌，因为产品的边界能够帮助消费者重新建立外部环境的秩序和可预测性。另一种方式则通过产品或品牌提升消费者的个人代理感。例如，消费者会通过购买具有高代理感的领导品牌来提升个人代理感，从而修复控制感。总之，现有研究重点关注产品或品牌本身的特征，即消费结果如何帮助消费者修复控制感，而忽视了消费者对产品形成过程的参与。在如今的消费环境下，消费者越来越多地参与到产品的生产过程中，以实现个性化或者表现能力和创造力，因此，本书关注消费者通过参与产品生产过程实现对控制感缺失的补偿。研究结果表明，对于创造体验型消费，控制感缺失的消费者的确表现出更高的消费意愿。这一结论有效地拓展了控制补偿理论。

第二，本书揭示了感知自主性在控制感缺失和创造体验型消费之间的中介作用。已有研究通过秩序寻求、问题解决倾向、内部代理感和外部代理感等机制解释控制感缺失如何影响消费补偿行为，这些解释机制都是从消费结果的视角出发，不能完全准确地解释控制感缺失对创造体验型消费的影响。本书从过程补偿的视角，基于自我决定理论，揭示了控制感缺失和创造体验型消费意愿之间的作用机制。研究发现，创造体验型消费给消费者带来自主选择和决定的自由，提升了消费者的感知自主性，从而帮助其修复控制感。本研究结论对自我决定理论和控制补偿理论具有一定的理论贡献。

第三，本书探讨了控制感缺失影响创造体验型消费的适用情境，即探究了限制性对控制感缺失影响创造体验型消费的调节作用。结合创造体验型消费的特征，从消费过程和结果的限制性程度来探讨控制感缺失对创造体验型消费影响的边界条件。研究发现，高限制性会削弱控制感缺失对创造体验型消费的影响。原因在于创造体验型消费的限制性会影响消费者的感知自主性。当限制性高时，消费者从创造体验型消费中获得的感知自主性被削弱，从而调节了控制感和创造体验型消费之间的影响。

第二章

文献综述

　　本章的主要内容是对相关文献进行综述，为后续研究打下基础。相关文献主要包括控制感和创造体验型消费两个方面。第一部分是关于控制感的相关文献回顾。首先，从控制感的概念出发，阐述控制感对个体的意义，即对个体心理和生理的影响。正是由于控制感的重要性，在控制感缺失时个体才会应用各种方式进行补偿。其次，回顾了三个与控制感相关的威胁补偿理论，并梳理了主要的几种控制补偿策略。在此基础上，还讨论了个体差异和情境因素的调节作用。最后，对现有控制感文献进行了评述。第二部分是对创造体验型消费的文献回顾。首先，对创造体验型消费的概念进行界定，并阐述创造体验带来的积极影响。其次，从参与动机和外部激励两个方面梳理了消费者参与创造体验消费的影响因素。再次，回顾了创造体验型消费过程中的创造力的影响因素。最后，对现有的创造体验型消费的研究进行评述，指明其中的不足。

第一节　控制感的相关文献

一、控制感的概念及其影响

控制感是指个体关于获得自己想要的、规避不想要的结果及达到目标的能力的信念（Burger，1985；Thompson，1991；Langer，1975a）。对控制感的需求从婴幼儿时期就显现出来（Piaget，1952），持续到成年后，人们一直尝试在生活中创造好的结果并阻止不好结果的发生。人们有维持较高的控制感的基本需求。高控制感意味着更好的适应性，比如更少的心理问题、更高的自尊和更健康等。例如，当人们拥有控制感时更能忍受疼痛（Glass et al.，1974）；患者了解治疗程序可以缓解紧张甚至减少恢复时间（Luck et al.，1999）。较高的控制感还可以改善关系、人际技能以及情绪功能等（Burger，1985；Thompson，1991；Langer，1975a）。相反，缺乏控制感是一种非常消极的状态，可能导致焦虑、抑郁等（Lachman and Weaver，1998）。在一些极端的例子中，长期缺乏对环境的控制感可能会导致个体消极和自闭，如习得性无助（Abramson et al.，1978）。

然而，外部社会环境常常威胁人们的控制感，控制感缺失是人们的常态。生活中的各种情境都会降低控制感，如被企业解雇、交通堵塞、经济危机和重大灾难等（Chen et al.，2017a；Cutright and Samper，2014）。同样，在消费情境下，人们也会经常体验到控制感缺失，如想要购买的产品没货、快递发错货等。人们不仅在特定情景中需要维持控制感，在与自己相关的事情和结果中也需要维持一种普遍的控制感（Thompson，1993）。如果控制感得不到满足，个体就会寻求用直接或者间接的方式重新建立控制感（Rothbaum et al.，1982）。了解人们如何应对控制感缺失有助于我们理解其社会行为和心理功能，因此，下面将介绍几种控制感缺失时个体的应对补偿策略及其在消费行为中的表现。

二、威胁补偿相关理论

在过去30多年社会心理学的研究中，发展了3个相关的威胁补偿理论，解释人们遇到威胁后的应对策略，下面将分别回顾控制补偿理论、恐惧管理理论和意义维持模型这三个理论。

1. 控制补偿理论

控制补偿理论（compensatory control theory）认为人们会通过个人、社会或者宗教的控制来减少生活中混乱和无序带来的焦虑（Kay et al.，2009；Kay et al.，2008）。也就是说，人们对控制感的需求一般都会通过社会和政治意识形态得到满足。控制补偿理论的发展受到几种不同理论的推动，包括制度正当化理论（Jost and Banaji，2011）、公平世界理论（Hamilton and Lerner，1982）及控制感的双重加工模型（Rothbaum et al.，1982）。

控制补偿理论来源于社会、临床和人格心理学等领域的研究。一方面，研究发现控制感是人们最基本的需求。控制感是积极的有吸引力的，高控制感往往意味着这个世界是有秩序的，所有事情的发生都是有原因的（Hamilton and Lerner，1982），事事都有清晰的因果和规则（Kay et al.，2009；2008）。相反，缺乏控制感在心理上是被厌恶的（Janoff-Bulman and Ronnie，1992）。另一方面，研究发现个人控制感在不同个体、文化和社会之间普遍存在差异（Burger，1985；Ji et al.，2000；Snibbe and Markus，2005）。

根据控制补偿理论，当控制感较低时，人们维持秩序的方式是支持外部能够提供控制感的资源。例如，社会制度或者超自然的代理人（如上帝、佛祖）可以作为控制感的来源。虽然人们自己不能控制外部环境，但是他们相信这些外部代理可以让世界变得更加有序、更加稳定（Antonovsky，1979；Rothbaum et al.，1982）。总之，该理论认为，为了补偿控制感，人们会选择相信拥有控制能力的外部代理。例如，控制感缺失的个体会更相信（有控制力的）上帝，更偏好政府控制及支持政府组织和政策（Kay et al.，2008；2010；Laurin et al.，2008）。其他相关研究也发现情绪、焦虑等在控制补偿中的作用，这也支持了补偿理论（Kay et al.，2008；2010；Laurin et al.，2008）。

政府和超自然的代理人作为控制感来源，存在着替代关系。当自然事件发生导致政府的稳定性降低后，人们会更信仰宗教。例如，有研究通过实验操控威胁对上帝的信念，被试会表现出对现行政府政策的支持；通过实验操控肯定政府能力，被试会更少地寻求宗教中的控制（Kay et al.，2010）。不仅如此，控制感补偿的替代关系还可以进一步拓展。贝克等（Beck et al.，2020）在探讨控制感和领导品牌关系的研究中用二手数据对比美国各个地区的消费者发现，控制感越低的消费者越是对领导品牌有更大的偏好，而各地区对宗教的信仰程度会调节这一效应。因为在这些地区，宗教成为控制感来源，降低了对领导品牌的依赖。

2. 恐惧管理理论

恐惧管理理论（terror management theory）认为人们渴望持久的生命，但有时他们会意识到死亡可能即将来临且是无法避免的，从而导致焦虑。人们通常会通过两种方法来减轻与死亡相关的焦虑。第一种方法是文化性的世界观（cultural worldview），即一种被世人广泛接受的现实概念，它赋予生命以意义和超越死亡的可能性。第二种方法是自尊（self-esteem），即个人对自己的评价。个体认为自己符合内化的文化标准的价值，这种文化标准为个体超越死亡提供了路径。

恐惧管理理论的相关研究最初主要关注死亡提醒或死亡显著性对人们在文化世界观的某些方面的影响，如对宗教信仰或政治意识形态的影响（Greenberg et al.，2008）。后来有研究开始关注死亡显著性对个体认知结构的影响。例如，死亡显著性会使得人们寻求简单并且一致的对他人行为的解释（Landau et al.，2004），并且认为社会事件是遵循公平、仁慈、秩序的（Hirschberger，2006）。虽然死亡提醒或死亡显著性和控制感缺失并不是完全等同的概念，但这些研究结论至少可以说明这种秩序结构能够补偿个体受到的威胁，这与控制补偿理论是一致的。

恐惧管理理论认为人们希望通过文化标准来感知生命的意义是显著的、持续的、超越死亡的，即相信"我是一个有价值的人，我在做好事，总有一天我会做一些被铭记的事情"。从这个角度来看，维持一种秩序最终是可以支持个体自尊的。因为大多数提升自尊的努力都是建立在社会和物理环境处在一个稳定结构的前提下的，这样付出才能有回报。如果缺少这一秩序结构，人们就很难建立持久的个人价值。在人们的成长过程中，在死亡意识出现之前，他们就有动机驾驭和操纵环境，以追求期望的结果，避免不期望的结果。随着死亡意识的出现，控制动机呈现出一种新的表达方式。从那时起，个体就会想做（或者至少感觉到自己在做）任何对世界有贡献的事情。然而，这种表现并没有覆盖原有的控制动机（Pyszczynski et al.，2004），相反，人们继续追求最接近的目标，因此，他们希望有秩序，而不是复杂性、模糊性和随机性。

通过控制补偿理论和恐惧管理理论两种理论的对比可以发现，死亡显著性和控制感缺失都可以导致对秩序的需求与确认，区别是人们通过秩序的确认补偿控制感的路径会不会增强自尊。有时候秩序的确认甚至会降低自尊，如降低自己在社会结构中的位置。

3. 意义维持模型

意义维持模型（meaning maintenance model）认为任何违反意义框架的行为都会导致心理补偿（Heine et al.，2006）。这里的意义是指先前预期和建立的一组关系或关联，是人们所熟悉的规则（Proulx and Inzlicht，2012）。很多研究表明，意义维持模型在解释各种威胁与补偿过程时非常有效（Proulx and Inzlicht，2012）。受到该模型的启发，大量研究开始揭示、描述组织和个体面临与目标相关的生存或认知威胁的情况下所涉及的神经生物学过程。这一类的研究路线是基于过程和生物系统来解释在面对一系列心理威胁时人们表现出来的持续的目标追求。例如，普罗克斯和因兹利奇（Proulx and Inzlicht，2012）提出，任何足以引起补偿的心理威胁的一个共同点是，在暴露后的某个时刻，威胁将导致厌恶性唤醒。现有的社会、临床和人格心理学研究中大量涌现的威胁补偿现象都是由于这种厌恶性唤醒状态。更进一步，乔纳斯等（Jonas et al.，2014）整合了更多的文献来完整描述预期被威胁后的生物和神经过程。当个体遭遇心理上的自我差异，与焦虑相关的基本神经过程就会被激活。具体来说，为了帮助个人应对自我差异行为，行为抑制系统（behavioral inhibition system）会引起一系列的反应，包括警觉和焦虑唤醒（Gray，1978）。这类反应通过注意力聚焦等方式，减少、抑制或者避免当下的威胁。与此同时，人们会变得更加适应焦虑，并倾向于立即寻找新的信息或减少焦虑的方法。也就是说，如果不能立即采取行动直接应对焦虑，人们可能会转向其他间接的、缓和的补偿方式，虽然这些方式不能直接解决突出的威胁，但有助于消除焦虑。例如，在威胁根本无法克服，人们不知道它的来源或者它的持久性的时候。

前面已经提到，控制感缺失与焦虑、警觉的神经和生理指标之间存在一定的关系（Crombez et al.，2008），这表明控制感缺失与预期威胁会导致相同的厌恶性唤醒（Proulx and Inzlicht，2012）。虽然常见的生物学和神经学机制提供了一个有用的框架用于概念化体验和补偿反应之间的因果关系，但是仍然需要一个更加具体的框架来描述特定类型信念是如何影响行为的（Jonas et al.，2014；Proulx and Inzlicht，2012）。也就是说，给定信念与应对目标之间的关系不能简单地使用一个数学模型来刻画，而是需要使用可以解释的理论来完善这个模型（Huang and Bargh，2014）。例如，近些年心理学的研究表明，人们通过增强个人代理感或求助于外部代理来补偿控制力的缺失（Kay et al.，2010；2009；2008；Laurin et al.，2008）。

以上三个理论都从各自的视角解释威胁后的补偿行为，为控制感缺失补偿反应提供了一定的理论解释。随着社会科学、心理学等各个学科对这些理论的不断发展和应用，学者们探索出了更多的控制感补偿的行为表现，下一节将具体阐述。

三、控制感缺失的补偿策略及其对行为的影响

控制补偿理论起初只探讨了政府支持和宗教信仰可以作为控制感的外部来源，随后的研究将之应用到更广泛的社会心理学领域。兰多等（Landau et al.，2015）在现有研究的基础上，总结出四种控制感补偿策略。控制感缺失状态下，个体会通过各种方式直接或者间接地应对或者补偿。现有的补偿策略主要有两种：一种是提升代理感（sense of agency），另一种表现为认知上的秩序寻求。代理感包括传统理论中个人内部代理感和控制补偿理论中的外部代理感。秩序寻求包括特定秩序和非特定秩序。以上都是基于个人的控制感补偿，还有学者探讨了群体身份对控制感的补偿作用（Fritsche et al.，2013；Goode et al.，2017）。因此，本书

将控制感补偿策略分为内外部代理感、秩序寻求和社会身份与社会影响等三类进行梳理（见图2-1）。

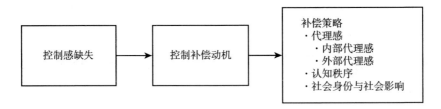

图2-1　控制感补偿策略

本部分将分别回顾前面总结的三种补偿策略在个体行为尤其是消费行为中的应用。主要相关文献整理如表2-1所示。

表2-1　　　　　　　　　　控制感缺失的补偿行为文献总结

文献	补偿策略	补偿行为	主要结论
Beck et al. (2020)	内部代理感	领导品牌偏好	控制感缺失的消费者会更偏好领导品牌。这是因为领导品牌具有代理感，消费者通过和高代理感的品牌联盟，从而提升自身的内部代理感，最终修复控制感缺失
Yoon and Kim (2018)	内部代理感	多样化寻求	研究探讨了感知经济流动性和社会经济地位对补偿行为的影响，结果发现对于低社会经济地位者来说，如果感知到经济流动性较差会表现出更多的多样化寻求的消费行为。这一行为是为了补偿个人控制感。进一步的研究发现，当通过其他方式修复控制感后，上述效应也被削弱
Su et al. (2017)	内部代理感	产品和品牌的转换行为	本研究探讨了社会排斥对消费者品牌和产品转换行为的影响。通过5个研究发现，被社会排斥的消费者会表现出更多的产品和品牌转换行为。这一效应受到控制感的中介作用。转换行为之所以能够修复控制感，是因为相比于保持现状，转换行为增强了个体行为和其与环境效果的因果关系，即行为—结果的连续性
Chen et al. (2017a)	内部代理感	实用品	本研究探讨了控制感缺失对产品获取的影响。作者发现消费者会通过购买实用品来补偿控制感缺失，因为实用品与问题解决相关，而问题解决可以增强消费者自身能够影响结果的能力的信念

文献	补偿策略	补偿行为	主要结论
Cutright and Samper (2014)	内部代理感	高努力产品	作者通过 5 个研究发现，控制感缺失的消费者更偏好需要他们付出努力的产品。这种高努力产品会让消费者感觉想要的结果是可能的，而且是由他们自己决定结果。最后，研究还探讨了两个边界条件，即个体对控制感本质的看法和感知目标进程
Rutjens et al. (2010)	外部代理感	科学理论和上帝信仰	控制感缺失会降低人们对达尔文进化论的信念。这种控制感威胁会导致个体更偏好那能够减少混乱的理论，信仰（具有控制力的）上帝或者支持有序和可预测过程的进化理论
Levav and Zhu (2009)	外部代理感	多样和独特消费行为	作者检验了空间限制对消费者选择的影响。基于抗拒理论和环境心理的文献，作者认为受到空间限制的消费者为了抗拒会表现出多样化和独特性选择倾向
Kay et al. (2009)	外部代理感	模式识别；迷信；阴谋论；社会政治组织；上帝	作者研究发现当个人控制感受到威胁时，为了维持秩序感，个体会有以下表现：在噪音中发现模式或者迷信和相信阴谋论；支持那些能够提供控制感的社会政治组织。研究还发现，这些过程可以帮助个体应对控制感缺失带来的焦虑和不适，而且这些补偿方式之间存在替代关系
Kay et al. (2008)	外部代理感	政府和宗教信仰	作者提出对政府和宗教系统的支持可以作为一种控制感缺失的应对策略。作者通过 3 个实验发现，较低的感知控制感会导致对外部系统的支持，包括对有控制力的上帝、社会政治系统的支持
Lembregts and Pandelaere (2019)	秩序寻求	数字属性信息的形式	作者研究探讨了数字信息如何影响消费决策。作者发现消费者对包含数字信息的决策判断会受到个人控制感的影响。数字属性的形式会传达出利益大小的可预测性
Greenaway et al. (2013)	秩序寻求	对预知能力的信念	作者研究认为相信未来是可预测的可以增强个人对未来事件的控制。实验 1 的结果表明低控制感的人会表现出更大的对预知的信念。实验 2 的结果表明对预知的信念也可以增加感知控制感。实验 3 的结果表明当控制感较低，相信预知可以帮助人们再次感觉可控

续表

文献	补偿策略	补偿行为	主要结论
Cutright et al.（2013）	秩序寻求	品牌延伸	品牌延伸会突破原品牌的边界。本研究认为人们对这种品牌延伸的接受度取决于个人控制感。通过7个实验发现，当控制感较低时，消费者和管理者都会在品牌中寻求秩序，因此会拒绝那些与原品牌不一致的品牌延伸
Cutright（2012）	秩序寻求	品牌或产品边界	通过7个实验，本研究发现，当个人控制感被威胁，消费者更偏好有边界的标识、产品或环境，因为边界提供了秩序感
Whitson and Galinsky（2008）	秩序寻求	虚幻模式感知	通过6个实验，作者发现控制感缺失会提升个人虚幻模式感知，即发现随机或不相关刺激之间内在的有意义的联系。虚拟模式感知表现为多个方面，包括在噪声图片中发现图像、在股票市场信息之间形成虚幻联系，相信阴谋论、迷信等
Fritsche et al.（2013）	社会身份	内群体偏差和亲组织行为	作者研究探讨了控制感和群体身份之间的关系。5个实验的结果表明，缺少控制感的个人会提升内群体偏差和亲组织行为。这一效应与不确定性无关，而是由于对群体身份的认同
Consiglio et al.（2018）	社会影响	口碑传播	作者研究探讨了社会密度对口碑传播的影响。结果表明，高社会密度会让消费者体验到控制感缺失，从而导致他们更多地参与口碑传播
Peluso et al.（2017）	社会影响	提供建议的行为	通过4个实验，作者探讨了提供建议对控制感的补偿作用。实验1发现广告信息可以威胁消费者的控制感从而增加在口碑沟通过程中提供建议的行为。实验2使用不同的范式发现，威胁消费者的控制感会增加其提供建议的行为。实验3发现当给出其他方式修复控制感后，上述效应被削弱。实验4则发现提供建议能够补偿控制感是因为提供了个体能力感知

资料来源：笔者整理。

1. 内外部代理感

第一种补偿策略是提升代理感。传统理论认为个人控制感来源于个人内部代理，即个体拥有必要资源以达到想要的结果，这些资源包括技能、知识及其他可以帮助达到目标的能力（Landau et al.，2015）。所以当控制感受到威胁后，人们会通过个人内部代理来直接或间接地获得补偿。例如，提升自己拥有的资源和能力。

在消费行为的研究中，学者们发现个体可以通过消费行为来提升自己的个人代理感。陈等（Chen et al.，2017a）探讨了控制感缺失对消费者产品获取的影响，研究发现消费者会通过购买实用品（如家庭清洁用具）来补偿控制感缺失。因为这些实用品与问题解决相关，而问题解决可以增强个人的代理感。该研究说明消费行为可以作为一种应对心理威胁的手段，具有极大的实践启示。同样，还有研究发现当控制感较低时，消费者更偏好需要参与并付出高努力的产品，这种高努力让消费者感觉想要的结果是可以获得的而且结果是由他们决定的（Cutright and Samper，2014）。消费者也能够从更换品牌和产品的行为中修复控制感。在面对社会排斥带来控制感缺失的情况下，消费者会表现出更多的更换品牌和产品的行为，以获得掌控和享有决定权的感觉，从而修复控制感（Su et al.，2017）。相类似地，当消费者陷入经济困境时，他们的个人控制感会降低。在这种情况下出于弥补控制感的动机，消费者会表现出更多的多样化寻求（Yoon and Kim，2018）。除了财务困境，在受到空间限制时，消费者也会表现出多样化寻求和独特性寻求的倾向（Levav and Zhu，2009）。这些情景中多样化和独特性寻求都体现出消费者的个人内部代理感。

除了内部代理感外，个人还通过外部代理修复控制感，即依赖那些可以影响个人相关的结果和达成特定目标的外部系统。此时的个体不是通过自己来修复控制感，而是依靠外部系统来决定和获得想要的结果，如依赖政府、宗教等。凯等（Kay et al.，2008）研究发现，那些可以加强秩序的外部系统如政府、宗教和社会机构等，能够减少个体对社会环境混乱和无序的感知，换言之，控制感较低的个体会更加依赖和支持这些外部代理。所以，当个人控制感被威胁时，人们可以通过支持社会政治机构的合法性、信仰上帝来寻求秩序感（Kay et al.，2008，2009）。鲁伊许斯等（Rutjens et al.，2010）进一步发现，控制感缺失对外部代理信念的影响只有在没有其他途径帮助建立秩序的情况下才有效。实验中作者先通过记忆任务操控被试的控制感，然后让被试阅读关于生命起源的理论。所有的被试都会阅读关于智慧设计的理论，将其描述为"世界和宇宙的运行可以用更高智慧的存在来解释"。一半的被试阅读自然选择的进化论，将其描述为"生命的演化是不可预测的自然环境决定的，是非结构化的随机过程"。另一半的被试阅读 Conway Morris 版本的进化论，将其描述为："如果让进化重新来一次，结果还是与现在类似。因为进化是有特定路径的，是有特定结构化特征的。"研究结果发现，当有科学理论可以帮助解释这个世界的秩序时，控制感缺失的个体就不再通过宗教信仰来获得补偿。有趣的是，最近的研究发现，控制感缺失的个人还可以通过和外部代理建立的联盟来增强内部代理感，从而修复控制感。具体表现为，低控制感的消费者会更加偏好领导品牌，因为领导品牌具有高代理感和影响力，而消费者通过购买这些领导品牌可以增强自己的个人代理感（Beck et al.，2020）。

2. 秩序寻求

控制感缺失的个人会有一种秩序寻求的倾向，即认为外部环境和世界是处于简单稳定的结构或秩序中的。具体来说，原因有两点：第一，当外部环境刺激是可识别的、有边界的、稳定且有组织的，人们会感觉环境更可控。相反，紊乱的外部环境会削弱个体的控制感。第二，控制感的缺失核心在于因果信念的断裂，即个体的行动不能影响外部环境及结果。因此，当外部环境是有秩序的、可预测的，行为和结果之间是连续的，人们会感觉更加可控。总之，控制感缺失的个体会表现出秩序寻求的倾向（Kay et al.，2009，2008），这种秩序寻求的倾向会在个人认知和行为的各个方面都有所表现。

秩序寻求表现为会对个体认知产生影响。缺乏控制的个体更多地表现出虚幻模式感知，即对随机和不相关刺激做相互联系的推断（Whitson and Galinsky，2008）。例如，惠特森和加林斯基（Whitson and Galinsky，2008）在实验中发现，控制感缺失的个体更容易在没有规律的图像中发现假想的图形。随后的研究发现这个虚拟模式感知还表现为形成迷信仪式、信奉阴谋论等。其中的原因在于这种虚幻模式感知可以使得个体对事件做出解释，并对未来做出预测，从而使世界回归到一种可预测的状态。王等（Wang et al.，2012）也发现控制感缺失的个人可能会表现出对占星术的信仰。控制感缺失和预知未来的信念之间有极强关联性。研究发现，预知未来信念会增加个体对未来的控制能力，相反，当人们控制感缺失的时候也会更相信预知未来的能力（Greenaway et al.，2013）。外部环境和刺激的秩序还可能体现在等级制度方面，弗里森等（Friesen et al.，2014）发现控制感缺失的个体会在混乱的社会环境中感知到更多的等级制度，更偏好等级制度、更偏好有等级制度的商业和企业、更偏好能够增强等级制度的职业等。

消费者行为领域的研究发现，产品、品牌或环境的特征可以给消费者带来秩序。例如，产品属性的数字信息的精确性会影响消费者对产品利益的推断，个人控制感被威胁的消费者更偏好点值（相比于范围值）的数字形式，原因在于点值能反映出环境的秩序感（Lembregts and Pandelaere，2019）。明确的边界也可以提供秩序，因为边界定义了客观物体并将之与其他物体区分开来（Burris & Branscombe，2005）。如果个人缺乏边界感，则很难判断事物的始终。因此，缺乏控制感的个体会更加偏好有边界的事物和外部环境。卡特赖特（Cutright，2012）等发现缺乏控制感的消费者会更加偏好有明确边界的产品、标识和环境。例如，在实验中，作者使用了带边框和不带边框的明信片、品牌标识及产品的环境等实验刺激。边界不仅仅体现在这些方面，随后的研究中还发现缺乏控制感的消费者在产品延伸中也会偏好更有边界的产品品牌延伸（Cutright et al.，2013），原因在于品牌延伸就是在突破品牌本身的边界，当子品牌与母品牌更加契合时能够带来秩序感。埃普利等（Epley et al.，2007）发现人们在面临外部环境的威胁时，会倾向拟人化。拟人化可以使环境更加可预测和可理解，满足人们理解和掌控环境的基本动机（Waytz et al.，2010）。

3. 社会身份与社会影响

社会身份与权力和控制感紧密相关。已有学者将权力感和控制感定义为个体在完成自己的事情时招募集体代理的能力（Simon and Oakes，2006；Turner，2005）。吉诺特等（Guinote et al.，2006）发现社会身份的群体大小会影响个体的控制感感知。相比于大群体，小群体中的成员的控制感更低，从而导致他们在信息加工中聚焦于不同的方面。小群体成员更少依赖事实信息，对目标做更多的个性归因。维尼奥尔斯等（Vignoles et al.，2006）也提出控制感是身份认同过程中重要的驱动因素之一。弗里切等（Fritsche et al.，2013）发现社会群体的成员身份也可以修复控制感。通过5个实验发现，控制感缺失的个体表现出更多的内群体偏差和亲组织行为，这一效用与不确定性是无关的，而且在身份认同较强的组织中表现更为明显（Fritsche et al.，2013）。作者通过两个实验发现威胁集体同质性和代理感会削弱上述效应，说明这一控制补偿过程中的关键在于个体感知内群体为单一的整体。

社会影响相关的补偿策略则表现为信息分享或口碑传播。佩卢索等（Peluso et al.，2017）发现控制感缺失的个体可以通过给他人提供建议来修复控制感。因为给他人提供建议意味着个体自己在某方面具有优势，可以提升自我的能力感知，从而补偿控制感（Anderson and Kilduff，2009）。在消费者行为领域，控制感的补偿则表现为口碑传播。研究表明，消费者在社会密度较大的情况下，会体会到控制感缺失。为了修复控制感，他们更愿意参与口碑传播（Consiglio et al.，2018）。口碑传播能够补偿控制感有三点原因：一是口碑传播是一种表达个性的重要方式（Belk，2013；Berger，2011；Dichter，1966；Sedikides，1993）；二是口碑传播能增强个体的社会联系，从而获得社会支持（Cutright，2012）；三是口碑传播是为了给其他消费者提供建议，在帮助别人进行消费决策的同时，还能建立影响他人的积极形象（Peluso et al.，2017；Barasch and Berger；2014，Thorsten Hennig-Thurau et al.，2004）。

四、个体差异与情境因素的调节

上一节讨论了控制感缺失的几种补偿策略。那么，当人们遭遇控制感缺失时，究竟会采用哪种策略？是选择宗教信仰、支持政府还是增强个人代理感？具体来说，选择哪种策略取决于个体差异和外部情境因素。

控制感感知存在个体差异，这种差异对控制感降低带来的影响起到调节作用。研究表明，在感知个人控制方面有着较高特质水平的个体更容易唤起支持他们个人代理感的记忆和信念，因此不需要通过结构寻求来进行弥补（Sullivan et al.，2010）。有研究发现，在控制感降低时，认为自己所拥有的资源较少的消费者会更偏好具有明显审美界限的物品，以此重新收获掌控的感觉；而感觉自己拥有大量社会、物质和人际资源的人则不会呈现出这种偏好。类似地，对上帝具有强烈信仰的个体，在控制感缺失的时候也不会更加偏好有边界的产品（Cutright，2012）。这种控制感感知上的差异也可以由操控实现。例如，相较于操控人们关注气候变化中可以控制的因素，当人们将注意力集中在气候变化中的不可控因素时，更有可能指责和惩罚影响气候变化的跨国公司。然而，如果让他们写出自己在其他领域具有的能够掌控结果的能力，这种效应就会消失（Rothschild et al.，2012）。

文化差异也会影响控制感缺失的应对策略。不同的文化情境下，控制感的来源不同，西方文化下的人们强调直接控制方法（如个人代理感），而东方文化强调间接的控制方法（如适应周围环境）。有研究发现，东西方文化差异会导致个体在控制感缺失时使用不同的应对策略，西方文化的被试更多地依赖占星术了解自己，而东方文化的被试更多地依赖占星术了解别人（Wang et al.，2012）。

五、文献评述

本节对控制感的相关研究进行了回顾。首先，对控制感的概念进行了界定，并总结其对个体心理和生理的影响。其次，梳理出常见的几种控制感缺失的补偿策略及其在消费行为中的表现。最后，对影响控制感的个体差异和情境因素进行总结梳理。综上所述，可以发现已有研究有以下几个特点。

第一，需要拓展到更多的消费情境的应用。控制感有非常广泛的影响，已经有大量文献探讨了控制感对消费行为的影响，但是目前的研究大多关注单个补偿策略，在不同情境下探索控制感与补偿消费有利于更深入了解不同补偿消费的适用情境以及作用机制。而且，如今的消费环境发生了很大的变化，移动互联、人工智能等都催生了很多新的消费行为，这意味着有更多的消费情境能够用于检验控制感对消费行为的影响。

第二，控制感与补偿消费的理论机制还需要进一步探索。虽然情绪、生理和认知反应在控制感及补偿消费中起着十分重要的作用，但是还没有证据表明各种因素会在何时发挥作用。一方面，大量研究表明控制感伴随的消极情绪会促使个体采用情绪修复策略（Atalay and Meloy，2011；Cryder et al.，2008；Gardner et al.，2014；Garg et al.，2007；Garg and Lerner，2013；Lerner et al.，2004）。另一方面，补偿消费行为的发生也会引起情绪的变化（Gao et al.，2009；Rucker and Galinsky，2009；Rucker and Galinsky，2008；Sobol and Darke，2014）。这些发现表明，还需要大量研究去探讨这些机制发挥的边界条件。

第三，消费行为对控制感缺失的补偿作用需要进一步探索。目前的研究大多聚焦于控制感缺失对消费行为的影响，而这些应对策略是否真的可以减少控制感缺失尚未引起足够的关注。已经有少量研究关注消费行为是否可以真的补偿控制感，但是对于这种补偿效果的作用边界尚不清晰。未来的研究可以探讨消费行为何时可以减少控制感缺失。

第二节　创造体验型消费的相关文献回顾

一、创造体验型消费的概念

随着消费者个性化和定制化需求的提升，以及大量企业出于创新需求积极组建消费者参与创新的网络社区，越来越多的消费者参与到产品创造与设计的过程中。在个性化和创新越来越受到重视的背景下，出现了大量能够帮助消费者发挥创造力的产品，如数字绘画、烹饪指南、DIY 蛋糕工坊、陶艺工坊等。消费者主动产生结果的活动被称为创造体验型消费（Dahl and Moreau，2007）。

创造体验型消费中的创造性是一个连续变量，包括从简单的组装

（如组装宜家的桌子）到完全的创造（如画一幅原创的画）。影响创造体验型消费分类的两个关键因素是目标结果的确定性和实现过程的明确性。目标结果可以是确定的（如一张桌子），也可以是消费者自己创作产生的（如一幅原创的画）。同样，实现过程可以给定工具、操作说明等（如安装桌子的工具、说明书等），也可以没有指导或者给出一个例子。拉德等（Rudd et al.，2018）进一步明确了创造体验型消费的定义，认为创造体验型消费的组成主要包含两个特征：第一个特征是创造体验型消费要包含制造或创造的物理行为。因此，画一幅素描是创造体验型活动，但是想象一幅画就不是。第二个特征是个体在创造体验型过程中要主动、直接地参与创造，将创造归因于自己。所以按一下机器的按钮做出一杯咖啡不是创造体验型活动；相反，从磨咖啡豆开始，冲泡出一杯咖啡是创造体验型消费。

根据创造体验型的特征的两个维度，可以将之分为四类，举例如表2-2所示。低目标—低过程确定性组的活动最典型的例子就是艺术创作，一幅原创的画或者设计，其过程和结果都是由个体自己决定的。低过程—高目标确定性组的活动通常是指需要灵感或二次创造的活动，如临摹名画、根据范例进行景观设计、制造"山寨货"等。高过程—低目标确定性组的活动有手账本的制作等，这类活动的特点是给定材料和制作方法，消费者自己决定最终的结果。高过程—高目标确定性组的活动有家具的拼装、乐高拼图等，这类活动的过程和结果都是确定的。

表2-2　　　　　　　　创造体验型消费分类及举例

	低目标确定性	高目标确定性
低过程确定性	艺术创造（原创的画、设计等）	复制画或设计、制造"山寨货"
高过程确定性	剪贴配件、手账本制作	宜家家具、拼装玩具等

资料来源：达尔和莫罗（Dahl and Moreau，2007）。

二、创造体验带来的积极影响

创造体验能够提升消费者对产品的价值评价，诺顿等（Norton et al.，2012）将这种效应称为"IKEA effect"。这种价值的提升来源于人们付出的劳动。其他领域的研究表明，尽管人们将工作视为最不愉快的活动，他们也会认为工作是值得的（White and Dolan，2009）。这种看似矛盾的关系被称为心血辩护效应（effort justification），即人们付出越多的努力，就会越喜欢（Festinger，1957）。甚至在动物研究中也发现了同样的效应，老鼠和椋鸟更喜欢需要付出努力获得的食物（Kacelnik and Marsh，2002）。"IKEA effect"出现的原因在于它能满足人们最基本的效能需求（effectance），即成功产生想要的结果的能力。人们可以通过影响和控制物体和拥有物来满足这种需求（Ahuvia，2005；Belk，1988）。班杜拉（Bandura，1977）发现自我效能是满足这一需求的重要方式。成功完成任务能够给个体带来积极的心理影响，而失败则带来消极情绪和悔悟（Savitsky et al.，1997），因此，当人们成功通过自己的劳动完成某项任务，他们会更加珍惜劳动成果。诺顿等（2012）通过4个实验检验了劳动付出与喜爱之间的关系，以及为什么付出导致喜爱。作者在宜家箱子、折纸盒和乐高等创造体验型消费情景中检验了研究假设，结果表明，被试认为他们业余制作的产品和专家创造的产品是有着同等价值的。这种劳动付出提升自制产品的价值的边界条件是成功完成任务。当被试毁掉了他们的创造或者未能成功完成任务时，这一效应将消失。

三、创造体验型消费的驱动因素

现有研究中创造体验型消费的驱动因素主要包括：消费者的参与动

机和外部激励因素等（见表2-3）。

表 2-3　　　　　　　创造体验型消费的影响因素

影响因素	定义
功能匹配	能够保证产品符合消费者自己的品位、满足自己的需求
独特效用	产品的独特性效用
能力	成功完成项目预期获得的满意度
自主性	自由选择决定任务过程或设计所获得的愉悦
学习	希望获得或改善完成任务的技能
参与消遣	参与过程本身获得的愉悦或满意
自我身份	希望增强具有创造力的自我感知
成就感	完成创造体验型消费后预期从他人的认可中获得的满意
社区	希望和有相同动机的人分享创造体验
金钱报酬	为了获得物质奖励
社会认可	为了获得声誉、认可
社会比较	与他人作品进行比较

资料来源：笔者根据达尔和莫罗（2007）研究补充整理。

1. 功能匹配

创造体验型消费能够满足消费者功能的匹配性。消费者参与产品的生产和设计过程，能够保证产品符合消费者自己的品位，最大限度地满足他们的需求（Dellaert and Stremersch，2005；Franke et al.，2009；Franke and Piller，2004；Randall et al.，2005；Simonson，2005）。具体而言，消费者能够匹配他们想要发挥创造力的产品类别。此外，他们可以自行选择颜色、形状和设计，想出新的功能或使用方法。这就决定了消费者参与的创造体验型消费能够在更大限度上匹配消费者的个人喜好，而不是像量产产品那样具有固定的设计和功能（Franke and Schreier，2010）。

2. 独特效用

消费者可以从创造体验型产品中获得独特性效用，这是因为自己亲手制作的产品与量产产品之间有着重要的区别（Franke and Schreier，2008；Lynn and Harris，1997；Michel et al.，2009）。量产产品通常是同质的，而自己设计制作的产品仅此一件，从而大幅度提升了消费者的独特性感知。此外，消费者在创造体验型消费的过程中付出了时间与努力，也能够赋予产品独特性效用。即使消费者是不精通此类创造活动的业余爱好者，如果考虑到自身在创造过程中付出的劳动，人们也会认为即使和专家相比，自己的成果也毫不逊色（Norton et al.，2012）。一方面，消费者能够从自己解决问题的过程中获得效用，更愿意接受自己创造的产品，即使其质量低于专家设计的产品。另一方面，由于消费者对自己是创造活动发起者的感知，这种"由我自己设计的"效应会使得创造活动对其发起者具有额外的心理价值（Mittal，2006），消费者在主观上会提高对自身创造结果的价值评估（Ulrich，2009）。这种情况可以由潜在偏见、启发性、心理归属感及理性影响消费者决策的边界等进行解释（Carmon et al.，2003；Kahneman，2000）。

3. 能力

能力是成功完成项目预期获得的满意度，如一个咖啡爱好者制作完成一款咖啡本身就可以获得满意或者愉悦感。创造体验型消费可以通过以下几种形式为消费者提供能力感知：首先，给定详细操作过程的产品为完成创造提供了合理的计划，帮助消费者节省了学习或适应创造活动的时间和精力。即使消费者是第一次进行创造体验型消费，在操作指导的帮助下也能够获得有效性感知。其次，提供成果图片的产品为消费者提供了具体的目标，使消费者可以从中推断出完成创造活动所需的步骤，并据此进行规划。因此，这种方式也能够提高消费者的能力感知。莫聪等（Mochon et al.，2012）通过实证研究发现，组装产品能够满足消费者想要向自身和他人展现能力的心理需求，而且这种由消费者自己创造的形式会使其对产品的评价更高。类似地，鉴于自我设计产品带来的能力感知，消费者也更愿意为此类产品支付更高的价格（Franke and Schreier，2010）。然而，当同时提供目标图片和操作指导的时候，人们从给定目标中获得的能力感知可能会因为过多的操作指导而有所下降。

另外，在创造体验型消费的过程中，完成进度也会影响能力感知。当任务的某个部分被成功完成时，消费者的能力感知就会得到增强。如果创造过程中为靠近目标而进行改动的次数过多或者某个部分花费时间过长，则会影响消费者的能力感知。此外，目标结果的困难程度通常也有所差异，因此很多创造体验型消费会将目标划分为不同的困难程度（如初级、中级、高级），由消费者自己作出目标选择。参与创造体验型消费获得的能力感知也在很大程度上影响消费者的自尊（Csikszentmihalyi，2000）。

4. 自主性

自主性体现在制作产品的过程或结果在多大程度上是由消费者自己决定的。对于给定了目标结果的产品而言，消费者提前就被告知了"正确的"结果，因此他们可能不愿再花费认知努力去构想创造体验型消费的结果。在这样的情况下，消费者更可能将创造的过程和结果归因于外部（Shalley and Perry-Smith，2001），自主性有所下降。同样，给定了操作过程的产品也可能降低消费者的自主性。因为这些详细的指示减少了人们由自己主导、选择和规划体验的感知，而更多地感受到来自外部的约束和压力。

因此，消费者从创造体验型消费中获得的自主性来自于自己主导目标结果或自己规划操作过程。在不对创造结果进行约束的情况下，消费者可以自己选择想要的结果。在只呈现结果的视觉信息，不对具体的操作过程进行约束的情况下，消费者可以根据信息规划操作过程。然而，如果创造体验型消费同时对目标结果和操作过程进行了约束，就无法起到促进消费者自主性感知的作用。只有当消费者的能力感知与自主性感知同时存在时，内部动机才会得到增强（Ryan，1982）。

5. 学习

渴望获得和提高完成创造所需要的技能也是创造体验型消费的动机之一。例如，有的消费者为了能够亲手制作一杯咖啡，可能会通过报班学习或者在网上搜索相关知识的方式去发展与此相关的技能，以完成这项创造活动。一方面，这些创造活动可能是在消费者的日常生活中出现频率较低的，如绘制油画、制作陶艺品、组装家具等，因此消费者缺乏相关的知识和技能，需要通过学习才能完成创造活动。另一方面，消费者将自身创造的结果与给定的目标结果进行对比时，可能会发现两者之间存在较为明显的差异，这也为其进一步学习相关知识和技能，从而实现更好的结果提供了动力。相关研究也表明，学习能够激发创造性（Dahl and Moreau，2007）。

6. 参与消遣

消费者能够从创造体验型消费的参与过程中获得乐趣，很多创造体验型消费的过程本身就能够为消费者带来效用（Csikszentmihalyi，2000；Dahl and Moreau，2007；Dellaert and Stremersch，2005；Franke and Schreier，2010）。此外，创造体验型消费还为沉浸式体验提供了可能。消费者需要集中精力去完成创造活动，能够从沉浸于创造过程本身获得预期的满足。技能水平也会影响消费者从创造体验型消费中获得的效用。技能较高的消费者能够更好地利用自身的知识作为指导和反馈的来源（Kardes and Herr 1992），为自己提供更多主导的机会，更能够享受创造体验型消费。

7. 自我身份

创造体验型消费还可以增强个体的自我身份感知，让消费者认为自身是具有创造力的，从而与他人区别开来。根据自我信号理论（Bodner and Prelec，2003），消费者可以通过与身份相关的行为来增强信号效用。创造体验型消费自由决定过程和结果的特征能够传达个体的身份信号，增强个体创造性的自我身份。创造体验型消费中消费者付出的努力及完成创造活动所需要的技能为消费者确认或增强创造力的感知提供了基础。相反，如果将努力和技能外部化，如自动化技术的使用，则会降低消费者对于表达自我身份相关产品的消费意愿（Leung et al.，2018）。

8. 成就感

与能力感知不同，成就感来自完成创造后从他人处获得的满意体验，如朋友或家人的赞美。当消费者向他人展示创造体验型消费的成果并获得他人的肯定与赞赏时，其自身的成就感会有所提升。对成就感的需求和渴望使得消费者愿意将创造体验型消费公开，如分享到社交平台，期望更多的人看到自己的创造性成果，从而获得成就感和满足感。

9. 社区

创造体验型消费相关的社区也是个体参与的重要动机，如手工爱好者的社区。在这样的社区中，消费者通常具有相似的兴趣和爱好，受到创造体验动机的驱动。因此，消费者乐于在社区中分享自己的作品，与他人分享信息、交流心得。

10. 金钱报酬、社会认可和社会比较

除了内部动机外，外部因素也会影响消费者对创造体验型消费的参与。已有研究关注金钱奖励、社会认可和社会比较等动机对创造体验型消费的影响。例如，研究表明社会比较是消费者参与的重要动机，影响消费者对产品的评价（Moreau and Herd，2010）。梅塔等（Mehta et al.，2017）则探讨了金钱激励和社会认可对创造绩效表现的影响。此外，当消费者在社区中进行分享时，还可能存在社会比较的影响。一方面，消费者自身可能会将自己的创造结果与其他消费者进行比较；另一方面，很多企业会在社区中向消费者征集创造结果，从中挑选优秀的创意进行宣传或投入企业实践。这就自然会涉及对创造体验型消费的成果进行比较。

四、创造体验型消费过程中的创造力

创造体验型消费过程中的创造力表现受到个人因素和环境因素的影响。个人因素包括思维模式和心理状态如控制点、隐喻思考能力等（Burroughs and Mick，2004）。外部的激励和情境因素包括金钱和社会认可（Mehta et al.，2017；Burroughs et al.，2011）、时间限制、情境卷入度、环境噪音等（Burroughs and Mick，2004；Mehta et al.，2012）。

首先，消费者自身的思维模式在很大程度上影响其创造力。例如，达尔和莫罗（Dahl and Moreau，2002）发现，在形成产品创意的过程中，鼓励使用类比思维，而避免提供外部基准，将有利于提高想法的原创性。原因在于通过类比思维可以促进对多个领域信息的获取和使用，从而提高原创性。在没有显著时间限制的情况下，对消费者参与创造性的过程加以约束，也能够提高其创造力。这是因为在没有约束的情况

下，消费者遵循阻力最小路径的倾向是十分强烈的，期望以最少的努力完成任务，因此创造性较低。只有当受到高度约束时，他们才会放弃自上而下的、范例驱动的方式，转向更具建设性的、创造性的方式，即使这样会花费更多的时间（Moreau and Dahl，2005）。

其次，消费者的心理状态也会影响其创造力。消费者在特定情景下的卷入程度也会影响其创造力。卷入度越高，消费者的创造力越强。具体而言，相较于共进晚餐的对象是保险代理人，在共进晚餐的对象是新雇主的情形下时，消费者的卷入程度更高，创造力也会有所提高。时间压力也会影响个体的创造力。相较于有充足时间的消费者，感受到时间压力的消费者在解决问题时能发挥更高的创造力。此外，具有更明显的内部控制点和更好的隐喻思维能力的消费者，创造性表现也更好（Burroughs and Mick，2004）。

最后，外部激励或环境因素也会对消费者创造力造成影响。在新产品开发的过程中，企业提供激励和帮助的形式会影响参与者的创造力。为了提高新产品开发过程中的创造力，很多企业会提供激励计划或者创造力培训项目，在这样的背景下，主动性对创造力的影响得到了学者们较多的关注。有研究发现，单独提供外部奖励可能会降低参与者的内部动机，从而损害创造性过程（Ryan and Deci，2000）。按照这种观点，似乎很多企业都在不知情的情况下阻碍了自身在创造性方面的努力。但关注外部奖励和创造力训练共同作用的研究表明，如果结合适当的训练，奖励能够起到积极的作用。具体而言，当金钱奖励与专门的创意培训技巧相结合的时候，产品创造性是最高的。这是因为创造力的训练加强了内部动机，改变了奖励的影响效应，将奖励带来的原本中性或者消极的影响变为了积极的影响（Burroughs et al.，2011）。因此，管理者可以通过奖励和培训相结合的方式来提高创造性工作的效率。此外，外部环境因素也能够影响消费者的创造力。例如，梅塔等（Mehta et al.，

2012）发现，环境中的噪音也能够影响创造力。相较于低等（50分贝）环境噪音，当环境中存在中等（70分贝）噪音时，能够提高创造力表现以及提升消费者购买创新产品的可能性。这是因为中等环境噪音提高了信息加工的困难程度，引发了更高的解释水平，更能够促进抽象的加工，从而使创造力得到提升。但高等（85分贝）水平的环境噪音则会因为降低了信息的加工程度，从而损害创造力。

五、文献评述

本节对自我差异的相关研究进行了回顾。首先，界定了创造体验型消费的概念，并根据其过程和结果的确定性进行分类。其次，对消费者参与创造体验型消费的动机进行总结梳理。最后，回顾了影响创造体验型消费过程中创造力表现的因素。综上所述，可以发现已有研究有以下几个特点。

第一，需要对激励消费者参与创造体验型消费的因素进行进一步的探索。现有研究对于影响消费者参与创造体验型消费的前因因素的探讨主要集中在对消费动机的关注上，且大多关注消费者自身的动机，主要强调能力或自主性的需求对参与创造体验型消费的影响（Dahl and Moreau，2007；Mochon et al.，2012；Moreau and Herd，2010；Watson and Shove，2008）。在对外部因素的研究中，也仅探讨了金钱激励（Mehta et al.，2017）、社会比较（Moreau and Herd，2010）等常见因素的影响，只有较少的研究关注了更加情景化的因素，如环境中的噪音、时间限制等因素的影响（Burroughs and Mick，2004；Mehta et al.，2012）。对于与创造体验型消费具有内在联系的前因因素的探讨更是少见，仅有拉德等（2018）将敬畏情绪与创造体验型消费中的学习动机联系起来，对激励消费者参与创造体验型消费的前因因素进行了研究。

第二，需要对消费者参与创造体验型消费带来的影响进行更多的探索。以往研究主要关注创造体验型消费的过程中，消费者个人的思维模式、心理状态（Burroughs and Mick，2004）及外部激励和情景因素（Mehta et al.，2017；Burroughs et al.，2011）对其创造力表现的影响。另外，部分研究探讨了消费者对创造成果的价值评估、对创造体验型消费的感知质量（Dahl and Moreau，2007）以及对创造结果的重视程度（Norton et al.，2012）对创造力表现的影响。这些研究大多都局限在于创造相关的领域，探讨创造体验型消费带来的直接影响。未来研究可以探讨创造体验型消费在其他方面的影响。

第三，需要考虑更多的产品类型。目前的研究主要关注的是消费者对物质产品的创造体验型消费，关注创造体验型消费的结果，未来的研究可以考虑更多的产品类型，如体验型购买。相较于物质型购买，体验型购买的对象主要是创造体验的过程，而不存在实体结果。体验型购买被认为更能够反映个人的真实自我（Carter and Gilovich，2012），对于创造体验型消费而言，强调消费的过程或许能够帮助消费者提高创造力和能力感知，增强其自主性。

第三章

相关理论基础

本章将对涉及的相关理论进行回顾。本章相关的理论主要有自我决定理论和自我差异与消费补偿模型。第一部分的内容是自我决定理论。先对自我决定理论的内涵进行阐述，并梳理其发展和应用，最后回顾该理论在消费行为研究中的应用。第二部分是自我差异与消费补偿模型。首先，介绍了自我差异的概念和特征，并总结自我差异的来源，由此建立自我差异与消费补偿模型。其次，分别回顾了直接解决、象征性自我完善、分离、逃避及液态补偿等五种自我差异的补偿消费策略，并厘清各种补偿消费如何减少自我差异。最后，从消费选择的呈现方式、补偿时机、自尊、自我差异的类型和文化等五个方面，总结个体对各种补偿策略的选择中可能存在的调节因素。

第一节　自我决定理论

一、自我决定理论的内涵

自我决定理论（self-determination theory）是理解人类动机和个性的

综合框架（Koole et al.，2019）。该理论认为人们具有通过满足基本心理需求来获得成长和自我实现的内在倾向。它解释了为何社会环境有时会支持但有时也会阻碍人们的适应性功能、健康发展和幸福（Ryan and Deci，2017）。该理论基于个体是自身兴趣的最佳评判人的原则，认为每个人都有权利做出自己的决定（Karlsson and Nilholm，2006），实现自我决定能够让个体感受到目标和使命，促使人们愿意为好的结果而努力（Akbar，2019）。

自我决定的定义最早出现于 1683 年的韦氏词典中，这个构念被定义为"个人对客体的思想或意志的自主决定"或"个人决定其行事方式的行为"（Wehmeyer，2004）。在 18 世纪和 19 世纪早期，自我决定主要是哲学探讨的问题，关注人的自由意志及不受外部强迫地选择其人生道路（Wehmeyer，2004）。该理论在心理学领域的应用可追溯到人本主义心理学，这种心理运动强调人们内在的自我实现倾向（Schneider et al.，2014）。在 20 世纪上半叶，实验心理学被行为主义所主导，行为主义思想流派认为环境中存在的奖励或惩罚塑造了人类的行为。人本主义心理学的兴起部分原因在于对行为主义范式的批判。20 世纪 70 年代的社会心理学实验为自我决定理论提供了具体的推动力。这些实验发现，提供金钱等外部激励会降低人们对某项任务的兴趣和享受（Deci，1971）。这些发现表明，人类的动机并不完全是由外部驱动的，而可能是个体自身自发地产生的。自我决定理论认为，人们对情境的主观体验塑造了动机和行为。例如，只有当人们认为金钱奖励具有控制性时，金钱奖励才会削弱内在动机（Deci et al.，1999）。当人们把金钱奖励看作是尊重的表现时，他们的内在动机甚至会增强。自我决定理论十分重视主观体验，强调第一人称视角对动机和个性的影响。通过一系列理论的延伸和创新以及系统地检验其框架的实证研究（Ryan and Deci，2017），在过去 30 年里，自我决定理论已经成为一种主导范式，用来识别人类的共性和个体差异，以描述当下的体验，也可描述大规模的社会文化过程（Koole et al.，2019）。自我决定理论在全球范围内得到了广泛应用，在诸如教育、工作、亲密关系、心理治疗等重要领域发挥了显著的作用。

自我决定理论的基本假设是所有人都具有一种朝向活力、成长和健康发展的自然趋势，并且这些自然的成长趋势由一系列基本心理需求所驱动。心理需求是一种主观感受，是体验、维持和促进个人成长、健康发展及心理健康所必需的（Ryan and Deci，2017；Deci and Ryan，2000）。心理需求的满足不仅能够提升幸福感，也能够激励更多内部动机驱动的行为。此时，个体在生活中的各方面表现更好、更加充满活力、更能适应社会联结和人际关系，这些都是个体健康幸福的标志（Deci，2012；Deci and Ryan，2000）。自我决定理论认为，个体的健康幸福在很大程度上取决于三种心理需求的满足——自主性、能力和关联性（Deci and Ryan，2000）。这些因素能够直接预测幸福程度，并且在不同的文化中都同样有效（Chen et al.，2015）。

自主性（autonomy）是个体在行为开始和调节过程中体会由自己进行主导及认可的心理需求（Ryan and Deci，2017）。自主性需求得到满足的标志是凭借自我意志行动及对行动全面的自我认可。能力（competence）是在人与环境交互的过程中希望有效发挥作用的心理需求，反映了个人扩展自身技能的愿望，体现在寻求和接受最佳的挑战的过程中付出努力并有策略地思考，直到体验到个人的成长（Ryan and Deci，2017）。能力需求被满足的特征是个体体验到效能、精通和进步。关联性（relatedness）是一种希望与他人建立亲密的情感纽带和依恋的心理需要，反映了与他人建立情感联结和人际关系的渴望（Baumeister and Leary，1995）。关联性需求得到满足的标志是感受到社会联结并积极给予他人关怀，同时也接受来自他人的关怀，友善对待生命中重要的人。能力、关联性和自主性的满足在很大程度上依赖于主观的自我评价。

心理需求被满足的程度会影响个体的认知和行为。自我决定理论框架下的六个小型理论进一步分析了心理需求带来的影响（Ryan and Deci, 2017）。第一个小型理论是认知评估理论，描述了社会环境如何帮助或阻碍内在动机、表现和幸福（Deci et al., 1999）。心理需求被满足的程度越大，个体就越可能被内部因素和个人真正看重的因素所激励，而较少受到奖励或地位等外部控制的影响。第二个小型理论是有机整合理论（Ryan and Connell, 1989；Ryan and Deci, 2004），描述了外部规定如何被整合到自身中。心理需求的满足会使个体感知到自身是具有自主性、能够自己进行规划的，而不会认为自己是被外部因素所控制的。第三个小型理论是归因导向理论，解释了更多的自主性或更多的受外部控制的行为如何发展为持久的个性倾向（Deci and Ryan, 2000, 1991）。心理需求被满足的程度越大，个体就越可能将结果归因于内部，而不是外部因素。第四个小型理论是基本需求理论，解释了对基本心理需求的满足或阻碍如何影响幸福和活力（Ryan, 1995）。第五个小型理论是目标内容理论，描述了人们的目标内容与基本需求满足和幸福之间的关系（Kasser and Ryan, 1996）。当心理需求更多地被满足时，个人会围绕诸如亲密感之类的使内心得到满足的因素来制定目标，而不会看重诸如社会地位或物品之类的事物。第六个小型理论是关系动机理论（Deci and Ryan, 2014），分析了自主性和关联性需求的交互对共同满意关系的影响。心理需求的满足会使个体拥有相互支持对方自主性的关系。

二、自我决定理论的发展和应用

随着理论研究的深入，自我决定理论的内容得到了进一步的扩充。自我决定理论由六个小型理论构成，本节将依次梳理这些小型理论的发展和影响。

1. 认知评估理论的发展和应用

认知理论的一个重要发展是提出了"自主性支持"（autonomy support）的概念以及应对损害自主性的策略（Deci and Ryan，2000）。出于对自主性支持的考虑，拥有权威的人希望对他们所管理的人产生持续的社会影响就需要尊重对方的权力，让他们在合理的范围内做出自己的决定，或者找到自己的行事方式。这一理论描述了不平等权力下存在的微妙关系：一方是教练、父母、老板、教师、医生、导师等，另一方是运动员、儿童、雇员、学生、病人、学员等，拥有权威的人具有一定的权力并且有能力使下属过得不愉快，因此他们必须找到一种灵活的方式去运用权力，否则下属会拒绝服从权威，或者是以无效的方式行事，从而可能导致问题迟迟得不到解决（Sheldon et al.，2008）。

研究表明，自主性支持行为具有某些核心特征，包括表达同情和对于激励因素的理解（如"我曾经处于你的位置，知道这对你意味着什么"）；提供尽可能多的选择（"虽然我已经决定让团队进行这些困难的训练，但你可以灵活地选择你什么时候开始做"）；当没有其余选择时，提供有意义的依据（"这些训练对我们而言非常有效"）。相反，"控制型"的指导风格则会表达对学员兴趣的无视（"没有理由"）；拒绝选择（"这就是我的方式"）；不愿意解释决定的理由（"你不需要知道"），以及使用控制性语言，如"你应该""你必须""你别无选择"（Sheldon and Prentice，2019）。

2. 归因导向理论的发展和应用

随着研究的发展，学者们开始意识到自主性可能不仅仅是一种心理需求，它可能是人们的性格特征。因果导向理论（causality orientations theory，COT）确定了三种相关的人格类型：（1）非个人导向（the impersonal orientation），人们不知道自己为何有意地做出行为（"我不知道我为什么这么做，而且我也不指望做得好"）；（2）受控导向（the controlled orientation），即有意做出行为，但人们认为这种行为是偶然的且受到环境的约束（"我该怎么做才能解决问题"）；（3）自主导向（the autonomous orientation），在这种情况下，人们会感觉到行为是由自己做出的（"我在这里能做什么？"），或者用体现自主性的说法来解释潜在的强制状况（"我可以忍受一段时间，但我会寻找改变它的方法"）（Sheldon and Prentice，2019）。

一般归因导向量表通过人们对 12 种假设情景下的反应来测量以上三种归因风格。此量表已经被运用到了大量的研究中（Hagger and Chatzisarantis，2011；Koestner and Zuckerman，1994）。谢尔登等（Sheldon et al.，2017）发现，受控导向和非个人导向在大学生大学 4 年的生涯中有所下降，表明在此期间学生能够感受到成长和自我的发展。然而，只有那些在大学期间参加了很多课外活动的学生的自主导向才会增加，这就是人们通常所说的"超越课堂"的教育。相较于同龄人，这种自主性能够帮助这些学生走向成熟。

3. 有机整合理论的发展和应用

研究者在进一步对动机自主性进行探索的过程中发展出了相对自主性连续变化（relative autonomy continuum，RAC）的概念（Ryan and Connell，1989）。根据这个模型，任何有动机的行为都可以落到从受控制到自主的连续变化范围内。这种自主性连续变化是对有机整合理论的进一步推进。有机整合理论只区别了出于兴趣、愉悦的内部动机及出于得到奖赏或避免惩罚的外部动机，而自主性连续变化包含了处于这两个极端之间多种形式的动机。

目前，自主性连续变化至少包含七种形式的动机。最低自主形式的动机为零动机（amotivation）。处于这一状态的人们仅仅是根据情绪做出行动。关于习得性无助或绝望的理论是典型的对于零动机状态的关注（Abramson et al.，1978）。然后是外部动机（external motivation），虽然有着稳定的意图但是人们对此没有所属感，认为这些行为只是为了获得外部奖励或者避免惩罚而产生的，操作性学习的理论对这一类动机进行了解释。接下来是内向型动机（introjected motivation），在内向型动机中，外部刺激部分被内在化，人们的行为是为了避免羞愧或内疚。心理动力学理论对这种类型的动机进行了解释，试图帮助人们解决内部冲突。接下来是一种更积极的形式，在这种形式中，人的行为是为了获得或保持自尊或自我价值感（Ryan，1982）。为自尊而行动可以提供强大的动机，但这种动机仍然受到一定程度的控制，因为其中有自我涉入和外表意识（Crocker and Park，2004）。下一个动机是定义型动机（identified motivation），这一动机在此跨入了自主的范围内。有了这样的动机，人们就能表达自己认可的价值观和意义。虽然可能没有内在的动机（如参加市政局会议），但至少他们的内心在很大程度上同意该行为。存在主义观点对这类动机进行了解释，规劝人们即使在荒谬或绝望的情况下也要真诚地行动。接下来是整合型动机（integrated motivation），当一个人在一个共同的价值体系中成功地映射了他的多种身份时，就会产生整合型动机，这个价值体系为这个人的多种身份提供了统一性和连贯性。最后是内部动机（intrinsic motivation），在这种典型的自主或自我决定的行为中，人们出于兴趣而做出行动。自我决定理论假设内部驱动的动机通常表达了对成长的渴求，包括迎接挑战、发展兴趣和发现志同道合的人。

谢尔登等（2017）为相对自主性连续变化提供了心理测量的支持，证明有动机的行为都能够被定位到这个连续变化之中。一旦确定了位置，就可以预测个体可能的行事方式以及他可能体验到的结果。

4. 基本需求理论的发展和应用

自我决定理论假设所有人都有基本的自主性需求，即自己做出行动和选择。随着该理论的发展，研究者们识别了第二种基本心理需求：对能力、有效性和掌控感的需求。契克森米哈赖（Csikszentmihalyi，2008）的心流理论也强调了能力需求的重要性，他发现心流（概念上类似于内部动机）在任务要求和技能水平相平衡时最有可能发生，也就是说任务对于个体自己的能力而言，既不会太困难，也不会过于简单。在这个过程中，个体不会感到沮丧或者无聊，相反，随着时间的推移，他会不断积累展现能力的体验。怀特（White，1959）的效应理论、班杜拉（1977）的自我效能理论和德威克（Dweck，2016）的成就目标理论进一步呼应了这样一个主题：对于高功能性的人来说，任务中包含的能力感是必不可少的；在面对不可避免的问题和挫折时，保持动机也是不可或缺的。

此外，自我决定理论还增加了对关联性的需求或归属感需求（Baumeister and Leary，1995），涵盖了人际关系的范围（Deci and Ryan，1991）。自我决定理论假设所有人都至少需要与一部分人建立一种有意义的联系，以保持心理和生理上的健康。自我决定理论认为，真正高质量的关系有助于满足个体的三种需求：使个体感到与他人紧密相连；感到充分的自我表达和自我决定；感到充分的支持，从而能够胜任和有效地工作。因此，自主性、关联性及能力感在人际关系中通常是高度相关的。大多数人不必为了获得亲缘关系而牺牲自己的自主权，这种动态只发生在受损或病态的人际关系中。当然，自我决定理论并不是唯一提出这种假设的理论，关联性需求在依恋、人际关系、内群体以及其他研究领域都得到了关注。对关联性的需求是没有争议的，并且其也包含在其他理论中，因此在自我动机理论中它没有得到太多的关注。

5. 目标内容理论的发展和应用

从 20 世纪 90 年代初开始，自我决定理论中出现了一条新的研究路线，主要关注目标和价值等基本内容（Kasser，2002）。有机整合理论研究的是行为的"为什么"（人为什么要行动），而目标内容理论研究的是行为的"什么"（行为指向什么），这个领域的研究将以金钱和奢侈财富为中心的外部目标与对个人成长、公共关系或亲密情感的内在追求进行了比较（Kasser and Ryan，1993）。此后，物质主义的范畴扩大到包括其他与地位、外表、形象和权力相关的外在追求上（Kasser and Ryan，1996）。目标内容理论依靠经验来区分外在目标内容和内在目标内容。由自身内在动机所驱动，追求相应目标的过程，不仅有助于个体进行（自我表达），同时因为内在目标追求的内容充分体现了个体的主观意愿，这一行为本身也能够满足个体的心理需求。相反，当外在目标内容在人们的目标体系中占据主要地位时，对外部目标的追求并不能直接满足心理需求，甚至会阻碍人们的基本需求满足（Dittmar et al.，2014）。进一步，目标内容理论还可以将动态目标追求与更深层的文化系统联系起来，为未来研究提供新的方向。例如，探讨为什么很多人会沉沦于消费文化而对于什么才是真正有价值和有意义的东西却视而不见的问题。

6. 关系动机理论的发展和应用

关系动机这一小型理论出现得相对较晚（Deci and Ryan，2014；Vansteenkiste et al.，2010）。这个理论关注的是对联结性的需求，这种需求会促使人们去追求与他人建立关系。然而，该理论强调，当关系中存在自主性时，即当双方都支持和尊重彼此的行为，同时也得到对方的支持和尊重时，联结性需求最有可能得到满足。不幸的是，人们之间关系的动态变化有时会发展成双方都试图控制和操纵彼此的情况。虽然通常情况下，个体的自主性越高，在与他人建立起情感联结时，由此获得的满足感也会越高。但如果出现为了建立情感联结而牺牲自主性的情况，或是个体迫不得已必须维持情感联结时，可能就会出现上述这种人际关系转变为双方试图相互操纵的情况。

三、自我决定理论与消费行为研究

在消费者行为研究领域，自我决定理论运用广泛，涉及定制消费、目标追求、自我约束、消费体验、自控、自我约束、地位推断、促销、品牌偏好、亲社会行为等。本节将从以下六个方面对相关文献进行梳理：自我决定的心理需求如何影响消费意愿；自我决定需求对消费体验和结果的影响；自我决定需求对目标追求和自我约束行为的影响；自我决定需求对其他因素的影响；影响消费者自我决定需求的因素；自主决定需求的边界；等等。

1. 自我决定需求对消费意愿的影响

消费者自我决定的心理需求对消费意愿的影响是研究者们关注的重要内容，在具体的研究中，这种自我决定的心理需求通常通过自主性（autonomy）、代理性（agency）来体现。通常情况下，人们认为消费者更喜欢那些与自己身份定位相同的品牌，因此在品牌营销中往往强调品牌与消费者身份的匹配性。然而，也有研究发现，消费者在基于自我身份动机的消费过程中，显性的身份线索营销信息可能会带来消极的影响。这是由于这种显性的身份信息会降低消费者在身份表达中的感知自主性，从而降低对品牌的消费意愿（Bhattacharjee et al.，2014）。也有研究发现，个人代理感（personal agency）在控制感对领导品牌偏好的影响过程中起到了中介作用。具体而言，当个人控制感降低时，消费者会更多地与品牌领导者建立情感联结。这是因为与高代理性的品牌建立联结能够给予消费者一种个人代理的感觉，从而帮助修复控制感（Beck et al.，2020）。

普扎科娃和阿加瓦尔（Puzakova and Aggarwal，2018）研究发现，当对一个强调独特性的品牌进行拟人化时，会降低消费者身份表达中的代理感（sense of agency）。因此，当独特性目标显著时，相较于非拟人化品牌，消费者对拟人化品牌的评价更低，因此选择这些品牌表达独特性的可能性也更低。更进一步而言，这种品牌拟人化的负面效应与品牌定位有关。拟人化品牌定位的不同会增强或阻碍消费者在表达他们与别人的区别时感受到的代理感。相较于拟人化品牌被定位于代理者（传播品牌的独特性不是关注消费者的需求）和掌控者（限制消费者表达独特性的自由），当拟人化品牌被定位为支持者（即能够支持消费者变得不同的欲望）时，能够增强消费者在身份表达中的代理感。

2. 自我决定需求对消费体验和结果的影响

在消费过程中，自我决定需求被满足的程度会影响消费体验。金等（Kim et al.，2016）检验了电脑游戏中拟人化的电子助手对游戏体验的影响。结果表明，拟人化助手的存在会降低人们在电脑游戏中的感知自主性，从而削弱游戏体验。而且，这种拟人化对游戏享受的影响可能延伸到其他与游戏相关的结果中，如影响个体坚持游戏的动机。在促销情景下，消费者可能感知某种促销控制了他们的消费或者限制了品牌的选择，因此会对促销产生抵抗。消费者可以通过选择能够在奖赏与行为之间形成一致性的促销和刺激，重新获得自主性，降低对促销的抵抗。这种努力和奖赏之间的一致性使得消费者将其行为重构为内部动机，而不是外部驱动的（Kivetz，2005）。在捐赠情景下，辛普森等（Simpson et al.，2018）检验了公众认可在鼓励慈善捐赠方面的有效性。研究结果表明，公众认可有时会减少捐赠。虽然以前的研究在很大程度上表明使捐赠公开化可以激励捐赠者，但作者发现，公众认可的有效性取决于捐赠者的自我建构。对于独立自我构建的消费者，公众认可对其捐赠意愿产生了负面的影响。这种效应是由代理动机（agentic motive）的激活所驱动的。在这种动机下，独立自我的捐赠者根据他们自己的目标和自身兴趣来做决定，而不被其他人的意见和期望所影响。

另外，自我决定需求被满足的程度也会影响消费结果。对于定制组装的消费而言，消费者对定制组装的实用性感知取决于组装任务的结构。当定制决定和组装过程整合在一起的时候，消费者能够更加有创造性地参与装配过程，因此在组装方面投入更多的努力会使消费者更喜欢组装体验。组装的体验最终将影响消费者对组装产品的感知价值（Buechel and Janiszewski，2014）。蒙吉内等（Mogilner et al.，2008）提出了"仅仅分类的效应"（mere categorization effect），认为更多分类的存在显示了选项之间更大的多样性，使消费者能够从选择中获得自我决定的感觉，从而让人们对在不熟悉领域中做出的选择更加满意。金和麦吉尔（Kim and McGill，2018）探讨了经济地位如何影响消费者对从企业那里所获得对待的期待，从而影响消费者对具有拟人化特征的产品的感知和评价。高经济地位的人会期待能够从拟人化实体那里获得好的待遇。相较于感知经济地位较低的人，拥有较高感知经济地位的人能够从拟人化产品中感受到更高的代理性，并且会更喜欢这些产品。

3. 自我决定需求对目标追求和自我约束行为的影响

自我决定的心理需求还会影响消费者的目标追求、自控和自我约束行为。例如，消费者希望在追求目标的过程中能够自主进行选择，这种需求是否被满足决定了消费者在追求目标的过程中投入的初始努力对目标的价值和消费者的后续动机的影响方向。当消费者意识到他们所追求的目标是通过自主选择来实现的时候，最初投入的努力被认为反映了目标的价值。因此，更多的努力能够增加目标的价值以及消费者在此后的动机。相反，如果消费者认为目标是强加给他们的，他们会感受到心理抗拒，这种抗拒与他们为追求目标所付出的努力成正比。因此，随着他们在目标追求过程中投入努力的增加，他们会贬低目标，并且在此后表现出较低的后续动机（Ying et al.，2011）。拉朗和雅尼谢夫斯基（Laran and Janiszewski，2011）发现，需要意志力的行为可以被建构为"工作"（外部激励）或者"乐趣"（内部激励），当需要意志力的行为被建构为工作义务时，完成行为会被消费者认为是一种消耗，从而导致后续的自我控制更加困难；当需要意志力的行为被建构为玩乐的机会时，完成行为会使得消费者更有活力，因此后续的自我控制会变得更加简单。然而，自我决定需求并不总是有利于目标追求。例如，在还未达成目标时，如果过分关注个人的自主性（如这是由我自己实现的进步，与他人无关），可能会因现阶段的成就而有所懈怠，使个体转向其他放纵的行为，阻碍进一步追求目标。另外，环境也会对自我决定的过程产生影响。柏咏和芮（Boyoun and Rui，2014）认为，无序、混乱的环境会使个体认为自己无法决定周围的环境，从而消耗更多的资源，因此更难以在后续的任务中进行自我约束。

4. 自我决定需求对其他因素的影响

人们自身存在的自我决定的需求也会影响其对其他人的看法。贝莱扎等（Bellezza et al.，2014）探讨了人们如何看待不从众行为（nonconforming behaviors），例如，穿着运动服而非优雅的服装进入奢侈品店，或者在职场穿红色的运动鞋。不从众行为是需要付出代价的，但这也是显而易见的信号，能够作为炫耀性消费的特殊形式，并且使其他人对做出不从众行为者的身份和能力做出积极的推断。不从众被认为是令人钦佩的行为是因为它反映了高水平的自主性和控制力。人们相信这些不从众的个体有更大的自主性，可以按照自己的意志行事，并且能够承受不从众带来的代价。沃伦和坎贝尔（Warren and Campbell，2014）的研究也发现，以看似合理的方式避免社会规范约束的品牌和人会让人感觉他们很酷，这是因为消费者能从中感知到更高的自主性。

5. 影响消费者自我决定需求的因素

根据因果导向理论，自我决定需求可能是一种个性特征（Hagger and Chatzisarantis，2011），不同的个体在本质上存在着不同程度的自我决定需求。自我决定理论认为人类自然地存在自我决定的需求，希望能按照自己的意志力进行行动，因此，鲜有研究关注影响自我决定需求的因素。在一些少量的研究中，影响自我决定需求的因素也大多和外部线索有关。例如，在抵抗诱惑和激励与目标一致的行为时，自我对话的语言元素可以影响消费者的心理赋能（psychological empowerment）。具体而言，拒绝诱惑的语言可能会被架构为"我不"或者"我不能"。当消费者以"我不"来抵抗诱惑时，会感到目标更多地来自于自身的内在目标；而"我不能"则会更多地表达目标来自于外部。在说"我不"的情况下，消费者会觉得自己在更大程度上能够决定结果，有着更高的心理赋能，因此更可能成功地抵抗诱惑（Patrick and Hagtvedt，2014）。思维模式也会影响消费者在自我决定方面的表现。"全新开始"的思维能够使消费者认为自身更有能力去做出改变，更加乐观，更多地聚焦于未来，认为自己能够掌控事物的发展，促进自己向好的方向进行转变（Price et al. ，2018）。

6. 自主决定需求的边界

虽然人类普遍存在对自主决定的需求，但人们并不总是希望能够自已做出决定影响结果，自主决定的积极效果有时也会被削弱甚至逆转。马丁和希尔（Martin and Hill，2012）对来自最贫穷的 51 个国家的 77000 个个体进行调查，发现关联性和自主性能够提高生活的满意程度，但只有基本的生活需求得到满足时才起作用。研究表明，当人们未能进行足够的消费时，心理需求的满足对其关系的影响较小。马库斯和施瓦茨（Markus and Schwartz，2010）的研究也表明，人们并不总是寻求更多的选择以满足自我决定的需求。作者认为选择的意义和重要性是文化建构的。即使选择可以促进自由、自主和独立，但太多的选择可能产生不确定性、抑郁和自私。想要实现幸福，需要寻求选择带来的正面和负面结果之间的平衡。

当人们期望避免自主性带来的负面结果和情绪时，对自主决定的需求会被逆转。例如，鲍迪等（Botti et al.，2009）发现人们不喜欢自己做悲剧性的决策。具体而言，人们面对需要终止他们婴儿的生命供给的决定时，更可能让医生为他们做决定。这是由于对于悲剧性决策而言，相较于外部做出的相同的选择，自己做出决定带来更高的感知个人因果性，从而会产生更多的负面感受。因此，悲剧性决策会降低应对能力，弱化人们对自主性的渴求。与此类似，陈和森古达（Chen and Sengupta，2014）的研究结果与自我决定理论是相反的，自我决定理论认为增加决定的自主性能够显著提高活力，但作者发现在恶习产品（vices-products）消费中，较低的自主性反而能提升个体活力。这是因为恶习产品能够提供即时满足，恶习在本质上是令人愉快的，但同时也会产生负罪感。当行为与较低的自主性相关时，如相较于自己选择了吃巧克力蛋糕，为了完成规定的任务而吃下巧克力蛋糕，恶习产生的负罪感会降低。此时，人们能够从恶习消费中获得活力。活力的增强能够提高消费者在后续任务中的创造性和自我约束的表现。

第二节　自我差异与补偿消费模型

一、自我差异的概念

自我差异（self-discrepancy）是指个体感知到当下的自我和想要的自我之间的不一致（Higgins，1987）。例如，成绩出来后，一个学生发现他的分数和想要的分数之间差异很大，可能会觉得自己智力或能力不足，从而会感受到自我差异。这里的自我差异是目前对自己智力或能力的看法与理想状态之间的差别。自我差异可以来自很多方面，如智力、学术能力、外貌、财务状况、权力、控制感、归属感、自我概念的确定性、社会地位，甚至性别认同等方面都可能产生自我差异。

二、自我差异的特征

自我差异有以下几点特征。

首先，自我差异可以发生在关于自我的各个方面，如智力、财务资源、控制感、权力感、自我概念的确定性和归属感等。自我差异一般是由特定事件引起或诱发的，例如，看到一个理想的模特广告会增强观看者理想自我和实际自我之间的自我差异（Sobol and Darke，2014）；社会排斥会导致实际和理想归属感水平产生差异（Lee and Shrum，2012）。类似地，自然灾害、政治动乱和经济危机等会威胁人们的控制感（Chen et al.，2017a；Cutright and Samper，2014），因此，自我差异是一种广泛存在的状态。

其次，自我差异是一种负面状态，被个体在心理上厌恶（Higgins，

1987；Tesser et al.，2000）。自我差异会导致个体在情绪、生理和认知上产生消极反应。在情绪上，自我差异可能会导致失落、不满意、焦虑和沮丧等不良情绪（Higgins，1987；Packard and Wooten，2013）。海因等（Heine et al.，2006）发现自我差异会让人们体验到心理上的疼痛，导致痛苦和消极的唤醒。同样，米德等（Mead et al.，2011）发现社会排斥会导致社会疼痛感（social pain），如不满和紧张等。这种社会疼痛感的神经活动和物理疼痛感（physical pain）的神经活动是一致的（Eisenberger et al.，2003）。兰德尔斯等（Randles et al.，2013）发现自我差异可增强脑部（dorsal anterior cingulate cortex，DACC）区域的活动，而当体验到物理和社会疼痛时该区域也会更活跃，这为自我差异的生理影响提供了证据。有些自我差异并不会对情绪有影响，如自我不确定性（Gao et al.，2009）、权力感缺失（Rucker and Galinsky，2009；Rucker and Galinsky，2008）及社会比较（Sobol and Darke，2014）等一般来说并不会影响个体的情绪，但是会对个体认知方面产生重要影响，如自我差异会降低工作记忆能力（Coleman et al.，2019）、带来反思（Lisjak et al.，2015）。沙等（Shah et al.，2012）发现稀缺改变了人们的注意力分配，导致他们在遇到问题时不去解决而更多地选择忽视。惠特森和格林斯基（Whitson and Galinsky，2008）的研究表明控制感缺失会导致个体在感知上出现虚幻模式感知，包括在噪声中看到图像，在股票市场信息中形成虚幻关联，表现出阴谋论以及变得更加迷信。总之，控制感会对个体情绪、生理和认知产生影响。

最后，自我差异会驱使人们进行自我调节以修复他们的状态（Heine et al.，2006；Mandel et al.，2017）。自我差异带来的上述消极影响驱使个体自我调节，以修复自我，这些自我调节的方式在消费行为中有广泛的表现。消费行为中应对策略主要有 5 种类型：直接解决（direct resolution）、象征性自我完成（symbolic self-completion）、分离（dissociation）、逃避（escapism）及液态补偿（fluid compensation） （Mandel et al.，2017）。这些补偿策略本质上是通过减少或消灭自我差异、降低自我差异的重要性以及降低自我差异的显著性这三种方法修复自我。

总之，自我差异是一个广泛的个体状态，且有消极影响，驱使着个体进行自我调节行为。所以自我差异会导致各种补偿消费行为或应对策略，以达到修复自我的目的。自我差异与补偿行为作用如图3-1所示。

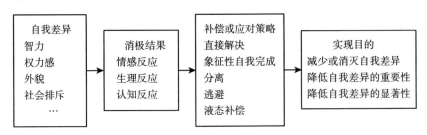

图3-1　自我差异的补偿过程

三、自我差异的来源

自我差异有很多种类型，主要可分为两种类型：与基本需求相关的自我差异、与身份相关的自我差异。

当人们的基本需求遭到威胁就会造成自我差异。人类的四种基本需求包括归属感（belongingness）、自尊（self-esteem）、控制感（control）和存在感（meaningful existence）（Williams，2002；Zadro et al.，2004）。第一种基本需求是归属感。人们有形成和维持积极人际关系的基本需求（Baumeister and Leary，1995），这种归属需求促使人们与他人形成联系（Pickett et al.，2004）。因此，归属感使人们倾向去寻求人际联系和积累人际关系，以达到社会联系和关系的最低水平（Baumeister and Leary，1995），而且人们会建立和积累良好的公开形象（Williams，2002）。第二种基本需求是自尊。自尊是自我价值的评估，人们有维持积极自我评价的基本需求。自尊来源于内部和外部导向的评价，内部导向主要是与能力相关，而外部导向主要是指被他人尊重、喜欢和接受（Maslow，1981）。自尊功能是一种社交传感器，用来监控个体是否被接纳或排斥，促使人们调整自己的行为以降低未来被拒绝的可能（Leary et al.，1995；Leary and Baumeister，2000）。在受到威胁后，高自尊的个体有足够的动机、能力和资源去增强自尊（Brown and Dutton，1995；Park and Maner，2009），他们有更高水平的自信和自我确定性，因此，他们也会表现出更强的与他人保持亲近联系的欲望（Park and Maner，2009）。相反，低自尊的消费者缺乏自信，对自己的评价也相对较为消极（Campbell，1990）。自我怀疑导致低自尊的个体更加谨慎，在人际互动中保持自我保护的状态（Anthony et al.，2007；Baumeister et al.，1989；Heatherton and Vohs，2000）。第三种基本需求是权力感和控制感。权力感是对他人的影响能力，而控制感是个体影响外部环境能力的信念。当权力受到威胁后，个体可能通过地位消费来补偿（Rucker and Galinsky，2008；Rucker et al.，2012）。控制感被威胁则有可能表现得更加寻求秩序（Landau et al.，2015）。最后一种基本需求是存在感。个体有维持存在意义的需求（Pyszczynski et al.，2004）。社会排斥会威胁个体的存在感，让个体感觉被无视（Williams，2002）。获得注意力可以修复这种社会隐形感，帮助确认个体的存在感（Zadro et al.，2004）。相关的研究比如勒瓦夫和朱（Levav and Zhu，2009）发现，当个体空间被限制时人们会更偏好多样的、独特的选择。根据心理抗拒理论，人们通过多样和独特的消费选择来抵抗物理上的空间限制。该研究还使用拥挤来代理空间限制，同样发现在现实购物场景中，拥挤和多样化选择之间存在正向关系。

第二类自我差异与身份相关，包括个体身份和社会身份。个人身份是一种个体特征的标签，如外表、社会性别、自我观念等。自我概念导致的自我差异是指个体在自我概念相关的维度接收到负面反馈，或者与内在标准相比感知到相关维度的不足，从而导致的自我差异。例如，高等（Gao et al.，2009）研究发现，个体坚定的自我观念（如"我是一个个性非常刺激的人"）一旦暂时陷入自我怀疑，会表现出对可以增强原有自我观念产品的偏好（如选择个性刺激的品牌）；类似地，还有研究探讨男子气概（masculine）导致的自我差异的影响。该研究发现男性和女性在男子气概受到威胁后有不同的行为表现。随机给男性和女性反馈他们像男人或女人，女性被告知像男性时，不会受到影响；但是当男性的男子气概受到威胁，即告知像女性时，他们就会表现出更加支持战争、仇视同性恋以及对 SUV 的购买意愿等。后续的研究还发现男性的男子气概受到威胁时还会表现得更加进取，更有支配统治欲（Willer et al.，2013）。社会身份是一种社会标签，也是自我的重要部分，由群体成员身份组成（Tajfel et al.，1979）。由于社会群体的各种特征，如种族、宗教及经济社会地位，社会身份也存在鄙视链甚至是歧视链（Crocker and Major，1989），这导致个体会感知自己的社会身份与理想社会身份产生差异。社会身份引起的自我差异也会影响消费行为。例如，查尔斯等（Charles et al.，2009）发现经济社会地位和种族处在劣势的群体会花费大量收入进行炫耀性消费，如购买珠宝和汽车。最近的研究还发现，社会经济地位和感知经济流动性对补偿行为具有交互作用。对于低经济社会地位的消费，如果感知经济流动性较差便会表现出更多的多样化寻求，目的是补偿较低的个人控制感（Yoon and Kim，2018）。卡特赖特等（Cutright et al.，2011）在研究中让美国被试阅读关于美国的新闻文章，包括消极和积极评价的文章，让被试产生自我差异，结果发现，对美国社会文化非常自信的个体更有可能选择直接支持性的产品，如印有美国国旗图案的 T 恤，而对美国社会文化低自信的个体则会选择间接支持性的产品，如更可能选择美国品牌，而不是其他国家的品牌。

自我差异的产生主要来源于负面的外部反馈、环境威胁或者社会比较。负面的外部反馈和环境威胁会降低现实自我感知，从而产生自我差异。例如，控制感是人们的基本需求，外部的环境威胁如自然灾害、经济政治环境或者疫情的扩散都会降低人们的控制感，加大现实控制感与理想控制感之间的差异。又如，拉斯托维卡和西里安尼（Lastovicka and Sirianni，2011）发现，在一段浪漫关系中失败会导致个体形成强烈的依恋，甚至形成对个人物品的热爱。这是由于与他人形成联系不能得到满足促使消费者对品牌以及拥有的物品形成依恋关系。

自我差异还来源于社会比较。个体将自己某些方面与他人进行比较，尤其是在向上比较时，导致自我差异（Mussweiler，2003）。例如，对于低外表自尊的消费者，使用人体模特展示的（与外貌相关的）产品的评价更低，原因在于人体模特带来的美的标准对消费者形成了规范性威胁。还有研究探讨男性员工的身材如何影响消费者的消费行为。一般我们认为身材好的男性员工会导致女性消费者花费更多，然而奥特布林等（Otterbring et al.，2018）研究发现，公司聘用身材具有优势的男性员工会导致男性消费者，尤其是身材相对较差的男性消费者，比女性消费者花费更多的钱，买更贵的产品。这里的机制也是同性之间的社会比较，男性消费者通过花费更多、买得更贵来展示或者补偿同性之间的竞争力。类似地，低权力感的消费者也会通过地位消费来修复权力感（Rucker and Galinsky，2008，2009）。由于人们有建立和维持社会关系的需求，当被他人或社会排斥时也会形成自我差异。大量研究探讨社会排斥导致的消费行为（Lee and Shrum，2012；Mead et al.，2011；Su et al.，2017；Mourey et al.，2017；Chen et al.，2017b；Duclos et al.，2013；Dommer et al.，2013；Molden et al.，2009），比如，李和施勒姆（Lee and Shrum，2012）发现，被忽视的消费者会增加炫耀性消费，而被拒绝的消费者会表现出更多的捐赠行为。除了这些外部环境的影响，自我差异还会发生在自己与理想状态之间存在差异的情况下。

总之，自我差异可能来源于个体的基本需求、自我概念或是社会身份三个方面。当个体受到负面环境威胁或是进行向上社会比较时，很容易引起现实自我和理想自我的差异。这种差异带来的消极影响促使人们使用各种直接或间接的方式应对或补偿，以减少自我差异。

四、自我差异与补偿消费

一旦产生自我差异，人们便会表现出各种应对策略（Heine et al.，2006；Tesser et al.，2000）。在消费者行为领域中，有五种常见的应对策略，分别为直接解决（direct resolution）、象征性自我完善（symbolic self-completion）、分离（dissociation）、逃避（escapism）及液态补偿（fluid compensation），其定义和举例见表 3-1。

表 3-1　　　　　　　　　自我差异的五种消费应对策略

策略	定义	举例
直接解决	通过行为直接解决自我差异的来源	智力上的自我差异会导致消费者通过购买和阅读书籍来让自己变得更聪明
象征性自我完善	通过行为在自我差异的相关领域表现自己的掌控力	智力上的自我差异导致消费者购买非常醒目的相框将自己的学位证明装裱起来，展示在桌子上
分离	通过行为远离自我差异的相关产品或者服务	智力上的自我差异导致消费者取消订阅《经济学人》
逃避	通过行为分散自己的注意力，避免去想自我差异	智力上的自我差异导致消费者去看电影以免想起自我差异
液态补偿	通过行为强调自己其他方面的优势	智力上的自我差异导致消费者通过购买劳力士手表等以表现自己财富上的成功

资料来源：莫罗等（Mandel et al.，2017）。

1. 直接解决

直接解决是消费者通过行为直接解决自我差异的来源。这种应对策略是最直接的，消费者直接面对自我差异并着手解决。例如，在外貌上体会到自我差异的个体会通过健身或者美容手术改善自己的外貌（Schouten，1991；Bagozzi and Dholakia，1999）。同样地，帕克和马内尔（Park and Maner，2009）发现当外貌被威胁后，个体也会表现出对衣服有更大的购买意愿。

除了外貌，在权力和智力方面，也有研究发现同样的直接解决的应对策略。金和加尔（Kim and Gal，2014）的研究表明，权力和智力的自我差异会导致消费者寻求产品来减少自我差异，例如，权力感不足的消费者愿意花费更多的钱购买那些被描绘成"Power and Influence for Dummies"的书籍；智力上体验到自我差异的消费者则有更大的兴趣去注册一个大脑训练的项目。这种应对策略是最直接的方式，但并不是所有的人都会采用这种策略，能够直接面对自我差异的个体往往是那些自我接受程度比较高的人。自我接受程度高的个体能够将自我价值从自我评估中隔离出来，更容易直接面对自我差异，从而采取直接解决的应对策略（Kim and Gal，2014）。当然还有其他因素可能会导致消费者采用不同的应对策略。

2. 象征性自我完善

象征性自我完善是最常见的应对策略，来源于韦克郎德和高尔威泽（Wicklund and Gollwitzer，1981）提出的象征性自我完善理论。该理论认为人们可以通过象征性自我完善来应对自我差异，即向外界传达一种信号来表达与自我差异相关维度的、象征性的能力和掌控力（Rucker and Galinsky，2013）。例如，琼斯等（Jones et al.，2009）发现低地位的大学在官方网站上会列出更多的专业头衔，同样地，引用较少的教授会在邮箱签名中展示更多的专业头衔。类似地，夏尔马和奥尔特（Sharma and Alter，2012）发现，财务资源的稀缺会促使消费者获取对其他人来说稀有的物品。通过 5 个研究，作者发现财务贫困导致的低等感和不舒服的情绪会促使消费者尝试、选择和消费稀缺物品（相比常见物品）。除了收入和财务方面，也有研究指出当消费者发现他们需要穿更大尺码的衣服时，会降低在外貌方面的自尊心，进而补偿性地增加花费。

还有大量研究探讨控制感、权力感和归属感等基本需求受到威胁后个体的象征性补偿行为。例如，有研究发现个人控制感缺失的个体，会通过选择带边界的产品（如带框的画）来象征性地修复控制感（Cutright，2012）；勒瓦夫和朱（2009）发现当个人自由（通过空间限制来操控）被威胁后，消费者会表现出多样化寻求进行象征性补偿；权力感受到威胁后，消费者会通过地位消费来获得补偿，尤其是进行炫耀性消费（Rucker and Galinsky，2008，2009）。杜波依斯等（Dubois et al.，2012）也发现人们会将较大的选项与地位相联系。低权力感的消费者更偏好地位消费，所以会选择更大的产品，尤其是在公开消费的情景下。

归属感在近些年备受学者们重视。有学者发现，对于低自尊的个体，在受到社会排斥（社会接纳）后，他们会选择水平（垂直）差异化的品牌，即更独特（质量更好）的品牌（Dommer et al.，2013）。米德等（Mead et al.，2011）也探讨了归属感威胁对消费行为的影响，他们通过4个实验发现，社会排斥会导致人们花费更多在联盟服务（affiliation）上，如购买会员、购买自己不喜欢但是朋友喜欢的物品等。洛夫兰等（Loveland et al.，2010）则发现归属感需求会促使人们更偏好怀旧产品，如老电影、电视节目、食物或者汽车等。万等（Wan et al.，2014）发现社会排斥会导致消费者选择独特的产品将自己和他人区别开来，这是由于感知独特性的增强。社会排斥会导致各种各样的行为反应，李和施勒姆（2012）发现当不同的需求被威胁时，社会排斥可能导致不同的行为反应。被忽视导致的社会排斥会增加炫耀性消费，而被拒绝导致的社会排斥会增加慈善行为。

自我概念受到威胁也会导致象征性自我完善的补偿行为。高等（Gao et al.，2009）发现当自我概念"动摇"时，消费者会选择能够增强自己原来自我概念的产品。莫里森和约翰逊（Morrison and Johnson，2011）通过4个实验发现自我概念的不确定会导致消费者将自己拥有的物品作为自我的延伸，如使用牛仔裤、汽车进行自我表达。

3. 分离策略

分离策略是指通过行为远离自我差异的相关产品或者服务（White and Dahl，2006）。前面两种应对策略是在自我差异的同一领域内进行改善或者象征性改善，而分离策略则拒绝和自我差异领域内的情况发生关联。例如，当女性面对性别刻板印象如"女性不擅长数学"时可能会采取分离策略，即和女性性别身份分离或者和数学领域分离。墨菲等（Murphy et al.，2007）通过实验检验了这一效应，研究发现女性在观看了男女比例极不均衡的理工科会议后，在认知和生理上表现出更高的警觉，以及对参与会议更低的归属感和参与意愿。男性则不受这种情景线索的影响。

怀特和阿尔戈（White and Argo，2009）也发现当女性面对性别身份的自我差异时，那些集体自尊较低的被试更多地选择阅读中性的杂志，而不是女性杂志或者帮助身份确认的杂志。消费者之所以选择分离策略，是因为直接策略和象征性自我完善策略是在自我差异的同一领域进行补偿，这会引发对这种威胁的反思，从而削弱自我修复的作用（Rustagi and Shrum，2019）。而且这种反思也可能带来消极的影响，会降低消费者随后的自我调节能力，如在不健康食物选择、认知活动方面都有影响（Lisjak et al.，2015）。忘记是人们面对威胁时的一种心理保护机制，多尔顿和黄（Dalton and Huang，2014）通过一系列实验发现，社会身份的威胁会促使人们随后忘记与身份相关的营销促销。

分离策略是一种将自我中不理想部分与自己隔离开来的一种应对策略。当个体的自我差异来源于消极的自我身份，人们会采用这种策略进行应对（Lastovicka and Fernandez，2005）。例如，人们会将有意义的物品作为一种象征意义，离婚后可能会在网上将自己的婚礼服卖掉，以此来分离或者告别过去的自己。

4. 逃避策略

逃避策略通过行为分散自己的注意力，从而不去想自我差异。有时候自我差异带来的消极影响仅仅靠分离策略并不管用，因为在自我差异激活时，人们会处在一种反思的状态，这时候为了减少这种自我差异，人们可以通过逃避策略，主动分散自己的注意力（Lisjak et al.，2015）。消费者可以通过将自己的注意力转移到其他方面来逃避自我差异，如购物或者享用美食（Atalay and Meloy，2011）。人们感觉自己达不到社会标准时，常常会采用这种策略。聚焦于美食，至少可以暂时性地减少自我差异的显著性。波利维等（Polivy et al.，1994）发现个体可以通过食用巧克力或者蛋糕来减少自我意识，从而减少自我差异的显著性。类似地，人们也可以通过享用美食如蘑菇土豆或鸡汤来排解寂寞感（Troisi and Gabriel，2011）。科尼尔和尚东（Cornil and Chandon，2013）也发现，当自己支持的球队输了之后，球迷会吃含有更多卡路里和脂肪的食物。除了食物，人们还可以通过看电影或电视剧等其他方式，降低自我差异（Moskalenko et al.，2003）。还有研究发现，面临死亡相关的刺激时会增加消费者购买和消费的数量，这是因为消费者通过过度消费来逃避自我意识（Mandel and Smeesters，2008b）。逃避策略是一种消极策略，不能解决自我差异的问题，而仅仅是分散自己的注意力，降低自我差异的显著性。

5. 液态补偿

最后一种应对策略是液态补偿，即通过行为强调自己其他方面的优势（Heine et al.，2006；Lisjak et al.，2015）。液态补偿的核心在于自我肯定理论（self-affirmation theory）。自我肯定理论认为个体会通过肯定自己其他方面的能力，来减少一个方面自我差异的影响（Steele，1998）。惠特森和格林斯基（2008）在探讨控制感缺失对虚拟模式感知影响的研究中发现，自我肯定可以削弱这一影响。类似地，根据意义维持模型（meaning maintenance model），个体可以通过一个方面的意义去克服另一个方面的自我差异的影响（Heine et al.，2006；Proulx and Inzlicht，2012）。不同于逃避策略，液态补偿策略强调通过其他方面的优势来"抵消"自我差异的影响。例如，马滕斯等（Martens et al.，2006）研究发现女性可以通过写作能力来自我增强，以此抵消自己在数学方面消极刻板印象的影响。营销中的研究同样发现，消费者与广告中理想模特相比较造成的自我差异会通过液态补偿的方式进行应对，具体来说，外貌吸引力方面的自我差异会改善消费者决策，包括从选择集中做更优的选择、对放纵消费更能够自我调节等，即表现得更加理性和经济（Sobol and Darke，2014）。杜克洛等（Duclos et al.，2013）检验了社会排斥对财务决策的影响，研究发现被社会排斥的消费者会更偏好利润丰厚但更冒险的消费。这是因为人际间的排斥使得消费者更渴望将金钱作为一种工具替代让自己更受欢迎。由于这种美貌溢价（beauty premium）现象的存在，还有研究探讨了通过美获得自我确认的现象。汤森和苏德（Townsend and Sood，2012）发现相比于功能、品牌和享乐属性，选择更美的产品能够提升消费者的个人价值感（见表3-2）。

表 3 - 2　　　　　　　　　　　　自我差异与补偿消费行为

自我差异	应对策略	因变量	文献
外表	直接解决	外表提升活动	Schouten（1991）；Bagozzi and Dholakia（1999）
外表	直接解决	购买增强外貌的产品	Park and Maner（2009）
权力和智力	直接解决	购买减少差异的产品	Kim and Gal（2014）
社会地位	象征性自我完善	专业头衔列举	Jones et al.（2009）
社会经济地位	象征性自我完善	炫耀性消费	Charles et al.（2009）
经济资源	象征性自我完善	稀缺产品消费	Sharma and Alter（2012）
外表	象征性自我完善	提升外表的手势选择	Hoegg et al.（2014）
男子气概	象征性自我完善	男性产品偏好	Willer et al.（2013）
控制感	象征性自我完善	选择有边框的产品	Cutright（2012）
自由	象征性自我完善	多样化寻求	Levav and Zhu（2009）
权力	象征性自我完善	炫耀性消费	Rucker and Galinsky（2008）
权力	象征性自我完善	偏好尺寸更大的产品	Dubois et al.（2012）
归属感	象征性自我完善	水平或垂直品牌差异	Dommer et al.（2013）
归属感	象征性自我完善	象征联盟的产品选择	Mead et al.（2011）
归属感	象征性自我完善	偏好怀旧产品	Loveland et al.（2010）
归属感	象征性自我完善	选择独特的产品	Wan et al.（2014）
归属感	象征性自我完善	炫耀性消费或慈善行为	Lee and Shrum（2012）
自我概念	象征性自我完善	选择增强自我概念的产品	Gao et al.（2009）
自我概念	象征性自我完善	将物品作为自我延伸	Morrison and Johnson（2011）
性别身份	分离策略	参与理工科会议的归属感与意愿	Murphy et al.（2007）
性别身份	分离策略	杂志选择	White and Dolan（2009）
社会身份	分离策略	忘记广告的动机	Dalton and Huang（2014）
体型	逃避策略	食物过度消费	Heatherton and Baumeister（1991）
社会归属	逃避策略	安慰食物消费	Troisi and Gabriel（2011）
表现不佳	逃避策略	不健康饮食	Cornil and Chandon（2013）
死亡显著性	逃避策略	过度消费	Mandel and Smeesters（2008a）
外表	液态补偿	理性决策	Sobol and Darke（2014）
归属感	液态补偿	风险承担	Duclos et al.（2013）
自我价值	液态补偿	产品选择	Townsend and Sood（2012）

资料来源：笔者根据莫罗等（Mandel et al.，2017）研究整理。

目前，大多数研究都分别只关注一种补偿策略，而对于每种策略发挥作用的条件关注较少。利夏克等（Lisjak et al.，2015）发现，参与象征性自我完善的补偿消费行为可能会提醒个体，让自我差异更凸显。例如，存在智力方面自我差异的消费者如果看到凸显智慧的书籍时，可能会反思自己在智力上的不足。因此，消费者采用象征性自我完善补偿策略的重要条件是补偿产品与自我差异的领域是否是显性的。当联系是显著的，会引起消费者的反思，从而削弱自我修复的作用；只有当二者之间的联系是不显著的（产品或者自我差异是隐性的），象征性自我完善的补偿消费才能修复自我（Rustagi and Shrum，2019）。除了补偿策略本身的特征，消费者的特征也会影响补偿策略的选择。例如，消费者的控制点是影响个人控制感对产品信息加工影响的重要因素（Chaxel，2016）。内控型的人在控制感缺失时，会更加仔细加工信息（准确动机）以重获控制感，而外控型的人在控制感缺失时会表现出防御动机。金和加尔（2014）等则探讨了自我接受在两种补偿消费中的作用。当个体面对能力、技能或地位等的自我差异时可以通过适应性消费进行应对（如采取某种方式改善自己的不足），也可以采取补偿消费进行应对（如否认或回避自我差异）。这取决于消费者的自我接受程度，自我接受程度高的消费者会将自我评价和自我价值分离开，因此更容易采取适应性消费应对。未来还可以探讨更多消费者特征和其他情景因素的影响。

五、补偿消费如何减少自我差异

当下感知的自我和理想自我之间的差异驱动消费者进行修复（Tesser et al.，2000）。上述五种应对策略主要通过以下三种方式应对自我差异：减少或消灭自我差异（Stone et al.，1997）、降低自我差异的显著性

（Dalton and Huang，2014）、降低自我差异的重要性（Lisjak et al.，2015）。第一种是个体可以通过行为直接减少感知到的自我差异。直接解决的应对策略就是直接通过行为提升当下感知的自我，从而减少自我差异。例如，智力受到威胁后，可以直接通过买书、学习等方式提升自我。同样地，象征性自我完善策略是通过表达自己在自我差异方面的成功来减少自我差异。第二种方式是降低自我差异的显著性。分离和逃避策略的目的是降低自我差异的显著性，前者让自我和与自我差异相关的隔离开，后者则进一步通过其他方式分散自己的注意力，从而让自我差异不再显著。第三种方式是降低自我差异的重要性。显然，液态补偿策略降低了自我差异方面的重要性，因为个体其他方面的优势可以"弥补"自我差异维度的不足。

目前的研究大多聚焦于自我差异对消费行为的影响，而这些应对策略是否真的可以减少自我差异尚未引起足够的关注。当然，已经有研究着手探讨这个问题。高等（Gao et al.，2009）在研究中通过让被试连续选择任务检验了消费行为是否可以减少自我差异。首先，作者根据被试的智力差异，然后让被试连续做两个选择。第一个选择中一半的被试被给定与智力相关的选择集，另一半则是与智力无关的选择集。随后的第二选择让被试在智力相关或者无关的产品中做选择。结果发现，智力自我差异的被试如果在第一个选择中没有选择智力相关的产品，则在第二个选择中更可能选择智力相关的产品。相反，如果被试在第一个选择中选择了智力相关的产品，这一效应消失。这说明被试的第一个选择有效地减少了自我差异。洛夫兰等（2010）在研究中也发现社会排斥会提高消费者的归属需求，而消费怀旧品可以让消费者同过去的人产生归属感，满足这种需求，减少了自我差异。同样地，拉克等（Rucker et al.，2011）发现相比高权力组，低权力组的被试在收到象征地位的钢笔后会感觉更加有权力感，而收到质量不好的钢笔则两组间的权力感无显著差异。这些都说明了消费产品至少在某些情况下可以修复个体的自我差异。

六、消费补偿策略的选择

前面已经讨论了自我差异与五种补偿策略。那么消费者对各种补偿策略的选择是否存在偏好和差异？即消费者会采用哪种补偿策略是否存在一定的边界条件或影响因素？现有研究发现至少存在以下几种可能的调节会影响消费者对补偿策略的选择。

第一，呈现的方式会影响消费者的选择。不同补偿策略的一个重要特征是补偿策略与自我差异是否在同一个领域。消费者在现实情境中可能会面临多个选择，那么消费者何时更喜欢与自我差异领域相关的产品或者是与自我差异领域无关的产品？这个问题的核心是领域内补偿（如直接解决策略）和跨领域补偿策略（如液态补偿策略）之间的冲突。现有研究大多是针对一种补偿策略，如果给消费者呈现不同的选择时，可能会影响结果（Galinsky et al.，2012）。例如，斯通等（Stone et al.，1997）在研究中先突出避孕套的重要性，然后对比个人使用的失败程度来促使产生自我差异。随后，让部分被试向无家可归者捐款，而另一部分被试则可以选择向无家可归者捐款或购买避孕套。当参与者的唯一选择是向无家可归者捐款时，83%的人捐款。这一发现与液态补偿策略一致。然而，当参与者选择购买避孕套或捐赠给无家可归者时，只有13%的人捐赠给无家可归者，78%的人购买避孕套。后者与直接解决策略一致。这项研究初步表明，消费者在各种策略之间是存在偏好的。还有研究发现，补偿策略和自我差异在同一领域会影响个体的反思。例如，直接策略和象征性自我完善策略是在自我差异的同一领域进行补偿，这会引发对这种威胁的反思，从而削弱了自我修复的作用（Rustagi and

Shrum，2019）。而且这种反思也可能带来消极的影响，会降低消费者随后的自我调节的能力，如在不健康食物选择、认知活动方面都有影响（Lisjak et al.，2015）。总之，呈现方式会影响消费者对不同补偿策略和补偿方式之间的选择与判断。

第二，消费者的自尊可能会调节应对自我差异时使用的消费补偿策略。自尊心强的人有更积极的自我观，对自己的看法也更为肯定，因此他们可能会通过增强自己的能力，甚至将自我差异视为无关紧要来应对自我差异（Kim and Gal，2014；Crocker and Park，2004）。相比之下，自尊心较弱的人可能会通过逃避现实来保护自己，如暴饮暴食（Baumeister，1990）。金和加尔（2014）等则探讨了自我接受在两种补偿消费中的作用。由于自我接受程度高的消费者会将自我评价和自我价值分离开，当个体面对能力、技能或地位等的自我差异时这类消费者更可能通过适应性消费应对（如采取某种方式改善自己的不足），而自我接受程度低的消费者更可能采取补偿消费应对（否认或回避自我差异）。也有一些研究得出相反的结论。帕克和马内尔（2009）发现，当人们收到与外表相关的负面反馈时，高自尊的人很可能会寻求与他人的联系（液态补偿），而低自尊的人则会改变自己的外表。总之，个体自尊对不同补偿策略的选择有重要作用，未来的研究可以进一步探索高自尊和低自尊消费者偏好不同策略的条件。

第三，自我差异与补偿消费的时机会影响消费者的策略选择。金和拉克（Kim and Rucker，2012）比较了个人经历自我威胁前后不同时机对补偿行为的影响。根据补偿时机的不同，作者将补偿消费分为主动型和被动型。主动型和被动型补偿消费都会采用象征性自我完善策略，但是被动型补偿消费更有可能使用产品去实现分散注意力的目的。也有其他学者发现了类似的效应（Hoegg et al.，2014）。作者比较了预防和真实经历了外貌相关的自我差异对产品偏好的影响，结果发现，如果是预防型的自我差异，只有同外貌相关的产品可以帮助减少个体外貌相关的自我差异（领域内补偿）。如果是真实经历的自我差异，同外貌相关的产品和同智力相关的产品都可以帮助减少自我差异（跨领域补偿）。

第四，不同类型的自我差异可能影响消费者补偿策略的选择。韩等（Han et al.，2015）发现智力自我差异会导致趋近型动机，增加人们对解决问题时应对策略的偏好。相反，控制感和社会排斥类的自我差异会增加人们情感聚焦策略的偏好。虽然文章中没有直接检验两种类型的自我差异对产品偏好的影响，我们可以推测采用问题聚焦的消费者可能会更倾向于直接解决策略，而情感聚焦的消费者更可能采用逃避策略来减少负面情绪反应。

第五，文化差异也可能影响消费者采用不同的消费补偿策略。例如，集体和个体主义的文化差异会影响个体自尊（Heine et al.，1999）、表达个人特质（Morrison and Johnson，2011）等方面，而且个人主义者更倾向使用自我肯定的方式减少认知失调（Steele and Liu，1983），相对地，集体主义者在这些方面表现较少（Heine and Lehman，1997）。因此，在面对自我差异时，个体主义者更可能通过象征性自我完善策略来补偿，而集体主义者不会（Morrison and Johnson，2011）。这些都说明文化差异会影响个体面临自我差异时的动机，从而影响补偿策略的选择。文化差异的影响还值得更多地探讨，如权力距离的文化差异可能会影响消费者面对权力感相关自我差异时采取的补偿行为（Geert and Hofstede，2004）。

综上所述，前面回顾了曼德尔等（2017）提出的补偿消费行为模型，为本书控制感与创造体验型消费关系的研究提供了理论上的支持。

第四章

假设演绎和研究模型

本章内容主要包括两个部分。首先，基于上述文献回顾和理论基础，论证并提出本书三个研究假设。其次，对研究假设中的核心概念进行明确界定，并画出研究模型。

第一节　假设演绎

一、控制感缺失对创造体验型消费意愿的影响

控制感是指个体对他（她）是否能够获得自己想要的结果，避开不想要的结果和完成目标的信念（Landau et al.，2015）。作为人类的基本需求，控制感是个体抵御环境的随机和不可预测性带来的压力、痛苦和焦虑的重要心理机制（Janoff-Bulman and Ronnie，1992；Tullett et al.，2015），与个体健康和幸福息息相关（Luck et al.，1999）。因此，个体通常倾向于维持较高甚至过于乐观的控制感（Langer，1975b）。当控制感受到威胁后，个体会通过各种行为补偿或重获控制感（Kay et al.，2008；Whitson and Galinsky，2008；Mandel et al.，2017）。例如，控制

感缺失的个体会表现出秩序寻求的倾向（Whitson and Galinsky，2008），因此在消费者行为中表现出对带有明确边界的产品、标识和环境、点值（相比于范围值）的数字形式等的偏好，原因在于这些能够体现出环境的秩序感和可预测性（Lembregts and Pandelaere，2019；Cutright，2012）。

根据控制补偿理论，人们修复控制感的另一种方式是增强个人代理感（Landau et al.，2015）。个人控制感部分来源于个人内部代理，即个体自身拥有必要资源以达到期望结果的信念，这些资源包括技能、知识及其他可以帮助个体实现目标的能力（Landau et al.，2015）。所以消费者会通过直接或间接的方式来提升个人代理感，从而修复控制感缺失。例如，消费者会更加偏好实用品，因为实用品有一种普遍的问题解决倾向，这种问题解决倾向增强了个人内部代理（Chen et al.，2017a）。同样，消费者会更偏好需要高努力的产品或品牌，这种需要高努力的产品或品牌赋能消费者，让消费者感知到可以通过自身努力获得他们想要的结果（Cutright and Samper，2014）。除了这种直接的赋能的方式，消费者还可以通过购买和拥有领导品牌来间接地提升个人代理感。领导品牌是具有高代理感的外部实体，拥有高代理感的品牌会提升消费者自己拥有代理感的信念，让消费者在心理上觉得品牌和自己是"一边"的，从而提升其完成自己目标或影响结果的信念（Beck et al.，2020）。总之，消费者可以通过产品或品牌本身的特征直接或间接地提升个人代理感，依赖消费结果修复控制感。基于过程补偿视角，本书认为控制感缺失可以促进创造体验型消费，即控制感缺失的消费者通过参与消费过程，来表达和确认自己能够控制外部环境的信念。

创造体验型消费是指消费者参与并产生结果的消费活动（Dahl and Moreau，2007），其中创造体验型消费中的"创造"包含两个层面的含义：一是具有创造或制造的物理活动；二是消费者直接和主动的作用，即创造过程由消费者自己完成（Rudd et al.，2018）。例如，消费者使用自动咖啡机制作咖啡，如果只是按了按钮，并不参与创造过程，这就不是创造体验型消费。但是如果消费者自己亲手磨咖啡豆、冲调，最终制作了一杯咖啡，这种情况则属于创造体验型消费。创造体验型消费的特点在于消费者可以发挥自己的创造力，并在一定程度上决定消费的过程和结果。也就是说，创造体验型消费的最终产品或服务是由消费者自己选择和完成的，而不是外部给定的。因此，在创造体验型消费中消费者拥有选择的能力，即可以选择想要的行为进程和结果的能力（Averill，1973）。相对于外部选择，个人选择能够促进对结果的积极情绪和态度（Langer，1975b；Zuckerman et al.，1978），其原因在于，消费者通过选择和自己最匹配的结果来实现个人效用最大化（Baumol and Ide，1956）。这种拥有选择的能力本身就反映了对外部环境的控制能力，可以满足个人控制感需求（Inesi et al.，2011）。此外，个人选择和决定也会影响个体对结果的归因（Botti and McGill，2011）。消费过程中，个人选择导致的结果能够让消费者体会到自身的行为和结果之间的连续性，促使消费者将结果归因于自己的行动，从而提升其个人控制感（Langer，1975b；Zuckerman et al.，1978）。相反，当结果是外部给定的，消费者会感觉自身无法左右这种外部力量，他们做出的行为对结果没有影响，因此会更多地将结果归因于外部，此时不能补偿个体的控制感缺失。对于创造体验型消费而言，消费者自身可以进行选择，可以体会到自己的选择和最终结果之间的因果联系，有助于提升个体对过程和结果的掌控感，从而能够对消费者的控制感缺失起到补偿作用。因此，提出假设 H1。

H1：对于创造体验型产品，控制感缺失（vs. 无控制感缺失）消费者的消费意愿更高。

二、感知自主性的中介作用

自主性指人们多大程度上感到自己的选择和实施的行为是自由的，是自我决定理论的核心概念之一（Deci and Ryan，2000；Chirkov et al.，2005）。自主性是人们的基本心理需求，会影响个体目标表现、坚持、情感体验、关系质量和幸福等各方面（Ryan and Deci，2006），也会对消费行为如品牌参与、企业社会责任、共创行为和态度等产生广泛影响。自主性高的个人或品牌会按照自身的特征或意愿行事，而较少考虑他人的规范、信念或期望（Warren and Campbell，2014）。缺少自主性会降低人们的任务表现，尤其是对于一些需要变通、创造力或是复杂能力的任务（Ryan and Deci，2006）而言。此外，降低自主性也会减少消费者参与过程中的感知愉悦。研究发现，在玩游戏的过程中，消费者的自主性和游戏愉悦显著正相关（Reeve and Jang，2006；Trepte and Rei-necke，2011）。当然，在一些特殊的消费情景下降低自主性是有利的，例如，在做一些痛苦的抉择时，降低自主性可以减少个体决策带来的负面感受（Botti et al.，2009）。

控制感是指人们对外部环境的控制能力、掌控感、优越感以及表现为自己的行为和想要的结果之间的因果关系信念（Su et al.，2017；Kay et al.，2009）。传统理论认为，个人控制感植根于个人代理感，即相信自己拥有包括技能、知识或其他能力等资源影响特定结果或达到特定目标的信念（Landau et al.，2015）。相关研究也发现，控制感缺失的消费者会更偏好实用品或需要高努力的产品（Chen et al.，2017a；Cutright and Samper，2014），这是由于这些产品可以作为赋能工具，提升个人代理感。与此一致，本书认为自主性能够帮助修复控制感缺失。首先，自主性体现消费者感知到的自由选择的程度。自主性越高意味着消费者有更多的选择，对外部环境的影响或控制能力更强。其次，自主性还能体现个体内部的价值取向。这会让消费者感知到在做自己想做的事情，并且自己的行为能够影响想要的结果，提升因果关系信念，从而提升个人控制感（Botti et al.，2009；Botti and McGill，2011）。综上所述，提升感知自主性是修复控制感缺失的重要方式之一。

创造体验型消费提升了个体的感知自主性，是控制感缺失的一种补偿策略。人们由内部动机驱动主动实施行为时能够体会到自主性；相反，当不可控外力限制人们的选择时，将会导致人们的行为无法满足最本质的需求和渴望，从而削弱人们的自主性（Chaturvedi et al.，2009；Ryan and Deci，2006）。就本书的情境而言，创造体验型消费能够充分发挥消费者的能动性，更少地限制消费者的选择，消费者可以按照自己最想要的方式完成消费，因此，创造体验型消费可以给消费者带来自主性。另外，达尔和莫罗（2007）通过定性分析也发现，自主性是人们参与创造体验型消费的主要动机之一，消费者享受创造性任务带来的自由选择的乐趣（Dahl and Moreau，2007）。

综上，本书认为控制感缺失的消费者会表现出更高的创造体验型消费意愿。这是由于创造体验型消费提高了个体的感知自主性，从而帮助修复控制感缺失。因此，提出假设 H2：

H2：对于创造体验型产品，控制感缺失（vs. 无控制感缺失）对消费意愿的影响受到感知自主性的中介作用。

三、限制性的调节作用

限制性是指创造体验型消费的过程和结果的确定性程度，反映了消费的创造体验性的大小。限制性高低由两个维度组成（Dahl and Moreau，2007）：一是消费的最终结果的确定性程度（如乐高积木一般会给出最终成品的图片）；二是实现结果过程的确定性程度（消费者参与的过程中是否有说明书或其他指导）。根据这两个维度的确定性程度，本章将创造体验型消费分为高限制性和低限制性。限制性较高时，消费的过程和结果都比较确定，例如，乐高积木的限制性是较高的，因为乐高积木的最终成品已经确定，而且乐高积木的说明书有完成过程的详细指导。限制性较低时，消费的过程和结果不确定，由消费者自主决定，例如，手工陶瓷最终的成品是不确定的，实现的过程也一般只提供基本的工具性指导。

当创造体验型消费的结果确定性较高时，会激励消费者朝着给定的"目标"前进，但这并不是由消费者通过自己的努力决定的最终结果，因此会降低消费者的因果关系信念，从而降低消费过程中的自主性（Dahl and Moreau，2007）。同样，当创造体验型消费过程的确定性程度较高时，即产品给出较为具体的、确定的说明指导时，消费者自我决定的体验会降低，导致消费者将结果归因于外部，认为结果并非由自己决定，而是由外部决定。在这样的情况下，消费者的自主性会被削弱，从而减少创造体验型消费对控制感的补偿作用（Dahl and Moreau，2007）。总之，当创造体验型消费的限制性较大时，即过程和结果比较确定时，会削弱消费者的自主性感知，从而降低消费者的消费意愿。因此，提出假设 H3：

H3：限制性调节上述效应，具体来说，对于创造体验型产品，当创造体验型消费为高限制性（vs. 低限制性）时，控制感缺失对消费意愿的促进作用会被削弱。

第二节　变量界定和研究模型

一、变量的界定

这一部分将对书中涉及的主要变量包括控制感、感知自主性、创造体验型消费、创造体验型消费的限制性等进行界定。

1. 控制感

控制感是指个体对他（她）是否能够获得自己想要的结果，避开不想要的结果和完成目标的信念（Landau et al.，2015）。本书采用了两种控制感的操控方法，一种是通过回忆式写作任务（Whitson and Galinsky，2008），另一种是通过阅读让人控制感缺失的材料（Lembregts and Pandelaere，2019）。具体来说，第一种方法让被试回忆控制感高、控制感低的事件。对比组让被试回忆平常周末的活动。第二种方法让被试阅读一则关于海啸的新闻。其中，对低控制感组，被试阅读的信息强调海啸不能预测；对高控制感组，则强调海啸的严重性，但是表明在预测方面已经取得一定的进展。

2. 创造体验型消费

创造体验型消费是指消费者参与并产生结果的消费活动（Dahl and Moreau，2007）。本书主要参考拉德等（2018）研究中的实验材料。研究 2 和研究 3 中采用巧克力作为实验材料。在这两个实验中创造体验型消费具体是指参与制作一款巧克力的意愿。研究 4 中则将相同的蛋糕粉产品通过广告分别描述为高创造体验型和低创造体验型产品。研究 5 中使用手工自制的杯垫作为创造体验型产品的实验材料。

3. 创造体验型消费的限制性

创造体验型消费的限制性是指创造体验型消费的过程和结果的确定性程度，表现为消费的结果或者过程的确定性程度（Dahl and Moreau，2007）。在研究 5 中手工杯垫的限制性在于制作过程和结果的确定性程度。如果结果和过程相对比较确定，则限制性较高；反之，限制性较低。

4. 感知自主性

感知自主性是指人们在多大程度上感到自己的选择和实施的行为是自由的。研究中所采用的量表参考达尔和莫罗（2007）等研究编制。

5. 消费意愿

本书对创造体验型消费意愿的测量有三种方式。在研究 1 中使用创造意愿来定义创造体验型消费意愿。在研究 2 和研究 5 中，让被试在创造体验型消费（自制）和普通购买（成品）中进行选择。在研究 3 和研究 4 中则直接测量被试的购买意愿。

二、研究模型

本章的研究模型如图 4 −1 所示。其中，自变量为控制感和创造体验性。调节变量是创造体验型消费的限制性，分为高限制性和低限制性。中介变量为感知自主性，因变量为消费意愿。

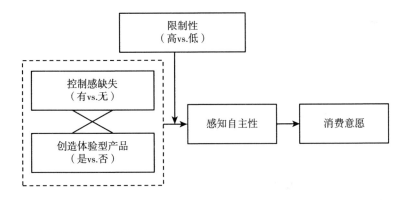

图 4 −1　研究模型

第五章

研究设计和方法

上一章基于相关文献的回顾和理论基础提出本书的研究假设与研究模型。为了检验研究假设和模型，本章共进行了5个研究，包括1个二手数据分析和4个实验。5个研究的整体思路设计是按照主效应—中介效应—调节效应的顺序依次进行的。研究1是一个二手数据分析，其目的是初步探索假设1，即控制感缺失和创造体验型消费意愿之间的关系。通过大样本二手数据发现，个人控制感越低的个体，创新意愿越强，为本书的假设1提供了初步的证据。进一步，研究2采用实验法检验控制感缺失和创造体验型消费之间的因果关系。研究发现，控制感缺失的消费者更多地选择创造体验型消费。研究3则在此基础上揭示其中的解释机制，发现感知自主性中介了控制感缺失对创造体验型消费意愿的影响。研究4通过操控同一产品的创造体验性的高低，来排除其他解释机制，进一步支持本书的中介机制。最后，研究5检验假设3，即创造体验型消费的限制性的调节作用。当限制性比较高时，即使参与消费过程也不能给消费者带来自主性，从而削弱了控制感缺失对创造体验型消费意愿的影响。

第一节 研究 1：二手数据分析

一、研究目的

研究 1 通过大样本跨国数据检验个人控制感和创造意愿之间的关系。研究目的有两个方面。首先，为假设 1 提供初步的证据。我们预测个人控制感和创造意愿存在负相关关系，即个人控制感越低，个体的创造意愿越高。其次，扩大实验数据外部效度。控制感的补偿是人类最基本的心理功能过程，因此在不同文化和国家中都应该存在这一效应。采用具有全球代表性的样本能够有效提升研究结论的外部效度。

二、研究方法

世界价值观调查（World Value Survey，WVS）是一项研究公众价值取向及其变化的一项全球性调查。世界价值观调查由世界社会科学网络联盟的成员单位共同组织，自 1981 年开始，已覆盖 100 多个国家和地区、90% 左右的全球人口（Inglehart，2018）。本书所使用数据来自世界价值观调查第六波的调查。数据收集时间跨度为 2010～2014 年，收集方式是通过面对面的访谈。共收集样本 89565 个，分别来自 60 个不同国家和地区。

自变量"控制感"用调查中的相关选项来操作化。问项题目为："在多大程度上觉得你自己的生活有选择和掌控感（How much freedom of choice and control over own life）。"问项采用 10 级量表，1～10 分别表示控制感逐渐增强（Kay et al.，2008）。因变量"个体创造意愿"使用问卷中相关问项来操作化定义。问项具体为："对你而言，有新的想法和创意非常重要；用自己的方式做事非常重要（It is important to this person to think up new ideas and be creative；to do things one's own way）。"问项采用6级量表，1表示该描述非常符合自己，6表示该描述一点都不符合自己。我们还纳入了一些控制变量，包括性别、年龄、收入、国家等。将年龄编码为6个类别，分别用1表示15～24岁、2表示25～34岁、3表示35～44岁、4表示45～54岁、5表示55～64岁以及6表示65岁以上。性别使用虚拟编码，1表示男性，2表示女性。收入问项分为10个阶层，1～10层级分别表示收入逐渐增加。考虑重要变量缺失情况，共得到82933个有效样本，对所有变量进行中心化处理。使用如下模型设定：

$$Creativity_i = \beta_0 + \beta_1 Control_i + \beta_2 Sex_i + \beta_3 Age_i + \beta_4 Country_i + \beta_5 Income_i$$

$$(5.1)$$

三、研究结果

本书使用Stata14.1软件，采用逐步回归的方法，模型1中放入控制变量：性别、收入、年龄和国家（地区）。模型2中继续加入自变量：控制感。模型2的回归结果显示，在控制性别、年龄、收入水平和国家（地区）等变量之后，控制感和个体创新意愿呈显著负相关（$b = -0.052$，$SE = 0.002$，$p < 0.01$），支持我们的假设1，即控制感越低，创造意愿越强。

四、研究小结

研究1初步检验控制感和个体创造意愿的相关关系，结果显示控制感和创造性意愿呈现负相关，即控制感越低，个体表现越多的创造意愿。跨国大样本的数据表明，控制感和创造意愿的关系是普遍存在的。但是，研究 1 还存在以下不足。首先，创造意愿在一定程度上能够反映消费者的创造体验型消费意愿，但并不完全等同；其次，调查数据只能观察变量间的相关关系，不能揭示控制感和创造意愿之间的因果关系。为了更符合研究情景，研究 2 则采用实验法，进一步建立控制感缺失和创造体验型消费意愿的因果关系，如表 5 - 1 所示。

表 5 - 1　　　　　　　　　　　回归分析结果

变量	模型 1	模型 2
控制感		- 0.0521 （ - 0.00218）***
性别	0.136 （ - 0.00927）***	0.128 （ - 0.00924）***
收入	- 0.0574 （ - 0.00232）***	- 0.0481 （ - 0.00234）***
年龄	0.0837 （ - 0.00309）***	0.0835 （ - 0.00307）***
国家（地区）（FE）	Y	Y
R-squared	0.113	0.119
N	82933	82933

注：*表示 $p < 0.1$，**表示 $p < 0.05$，***表示 $p < 0.01$。

第二节　研究 2：控制感缺失对创造体验型消费意愿的影响

一、研究目的

研究 2 的目的是用实验法检验我们的主假设 H1，即控制感缺失对创造体验型消费意愿的影响。首先通过写作任务操控被试的控制感，然后让被试在自己制作还是购买成品之间选择，以测量被试的创造体验型消费意愿。

二、实验设计和流程

在某众包平台招募被试 101 名（小额现金奖励的方式），其中男性 51 名（$M_{年龄}=27.30$ 岁，$SD_{年龄}=6.33$ 岁）。实验采取单因子的组间设计。将被试随机分配到低控制感组、高控制感组和基准组。

首先，通过写作任务操控被试的控制感，具体方法参考相关文献（Whitson and Galinsky，2008；Chen et al.，2017a）。将被试随机分配到低控制感组、高控制感组和基准组。低控制感组："请你回忆生活中经历过的、让你觉得难以控制的意外事件（如汽车、航班误点、汇报时投影出现故障等），尽可能详细描述经历，不少于 100 字。"高控制感组："请你回忆生活中经历过的、让你觉得控制感高的意外事件（考试非常难，但是你答对了所有题目），尽可能详细描述经历，不少于 100 字。"基准组："请你回忆过去几周的周末一般是如何度过的，尽可能详细描述经历，不少于 100 字。"

其次，让被试想象自己正在一家手工巧克力店，准备购买巧克力。被试有两种选择：自己制作一块手工巧克力，或者选择一块制作好的成品。被试的选择是我们的因变量，1 表示自己制作，2 表示购买成品。在被试做出选择之后，进行控制感的操控检验，问被试在他们描述的情景下，他们有多大的控制感（Beck et al.，2020）：（1）当时的情况在我的掌控之中；（2）我有能力影响当时发生的事情。

最后，让被试报告性别、年龄等人口统计变量。

三、结果与讨论

1. 操控检验

低控制组的打分（$M=3.27$，$SD=1.54$）显著低于高控制感组

（$M = 4.29$，$SD = 1.51$）和基准组（$M = 4.70$，$SD = 1.36$；$F(2) = 8.415$，$p < 0.01$）。事后多重比较结果表明，高控制感组和基准组之间的差异不显著（$p = 0.25$），说明控制感缺失的操控成功。

2. 消费选择

卡方检验的结果表明控制感对消费选择的影响显著，其中高控制感组有 48.48% 的被试选择了自己制作，基准组有 45.71% 的被试选择了自己制作，而低控制感组有 72.72% 的被试选择了自己制作（$\chi^2(2) = 5.979$，$p = 0.05$；$Cramer\ V = 0.24$）。为了保障结果的稳健性，本书还将被试的选择作为因变量，将控制感作为自变量，将年龄和性别作为控制变量，做逻辑回归。结果表明，相比于基准组，低控制感组更多地选择自己制作［$B = -1.14$，$Exp(B) = 0.32$，$Wald = 4.82$，$p = 0.03$］；而高控制感组和基准组的选择无显著差异［$B = -0.13$，$Exp(B) = 0.88$，$Wald = 0.07$，$p = 0.80$］。综上，相比于其他两组，低控制感组的被试参与创造体验型消费的意愿更高；而高控制感组和基准组之间无显著差异。研究结果支持假设 H1。

四、研究小结

研究 1 通过一个二手数据分析，初步给出了假设 H1 的证据。研究 2 则采用实验法严格检验控制感缺失和创造体验型消费意愿之间的因果关系。首先，通过回忆写作任务操控被试的控制感；其次，让被试选择自己制作还是购买成品，以此来测量创造体验型消费意愿。实验结果表明，相比于高控制感组和基准组，低控制感组被试的创造体验型消费意愿更高，结果支持假设 H1。研究 1 和研究 2 使用 1 个二手数据和 1 个实验法检验主效应，同时保障了结果的内部效度和外部效度。研究 3 将进一步揭示这一效应的中介作用机制。

第三节 研究3：感知自主性的中介作用

一、研究目的

研究 3 的主要目的有以下两个方面。首先，检验假设 H2，即感知自主性中介控制感缺失对创造体验型消费意愿的影响。其次，使用不同的消费意愿的测量方法。前面的实验通过被试选择创造体验型消费与否来反映消费者的偏好，本次实验直接在创造体验型消费情境下测量被试的购买意愿，并检验感知自主性的中介作用。最后，本次研究使用了不同方法操控被试的控制感。参考权威文献，通过阅读相关的文字材料来操控被试的个人控制感。

二、前测实验

控制感的操控参考相关权威研究（Lembregts and Pandelaere，2019）。为了进一步确认操控的有效性，我们招募不同的样本（$N = 65$，其中男性 24 名）进行前测实验，让被试阅读操控材料。在低控制感组，被试阅读的信息是受害者的命运无法掌控，由于科学家们还不能预测海啸，在未来的时间里还会继续如此。在高控制感组，焦点转移到海啸的毁灭性后果，以及人类已经可以改善这个结果，而且让被试了解到，由于科学家们在预测方面取得进展，所以他们的生活重获了很多控制。然后让被试回答下面的问题：在遭遇海啸时，人们在多大程度上能够预防他们死于海啸？（7 级量表，1 表示完全不能控制，7 表示非常能控制）。低控制感组的个人控制感显著低于高控制感组，表明操控成功（$M_{低控制感} = 2.97$，$SD_{低控制感} = 1.56$；$M_{高控制感} = 4.18$，$SD_{高控制感} = 1.54$；$t(63) = 3.27$，$p < 0.01$）。

三、实验设计和流程

在网上招募被试72名，其中男性34名（$M_{年龄} = 31.82$ 岁，$SD_{年龄} = 8.31$ 岁）。首先，将被试随机分配到控制感高和低两组，让其观看一则关于海啸的新闻，材料同前测。在低控制感组，被试阅读的信息是受害者的命运无法掌控，科学家们还不能预测海啸，在未来的时间里还会继续如此。在高控制感组，焦点转移到海啸的毁灭性后果，以及人类已经可以改善这个结果上，而且由于科学家们在预测方面取得了进展，所以他们的生活重获了很多控制。表面上让被试评价新闻的可读性，实为操控被试的控制感（Lembregts and Pandelaere，2019）。其次，让被试想象自己正在一家手工巧克力店，准备购买巧克力。商家推出了自制手工巧克力，消费者可以自己动手完成巧克力的制作并原价购买。测量被试参与制作的消费意愿：您有多大可能参与制作手工巧克力（7级量表，1表示完全不可能，7表示非常可能）。随后让被试报告感知自主性（Dahl and Moreau，2007）：（1）手工巧克力在多大程度上能够让您感觉自己能够决定自己的事情；（2）手工巧克力在多大程度上能够让您感觉有选择或表达的自由（$\alpha = 0.952$）。接下来进行操控检验：在遭遇海啸时，人们在多大程度上能够预防他们死于海啸？所有的题目均采用7级量表。最后让被试填写性别和年龄等人口统计变量。

四、结果与讨论

1. 操控检验

对控制感的操控检验做独立样本 t 检验，结果表明低控制感组的控制感显著低于高控制感组（$M_{低控制感} = 3.33$，$SD_{低控制感} = 1.55$ vs. $M_{高控制感} = 4.89$，$SD_{高控制感} = 1.37$；$t(70) = 4.52$，$p < 0.01$），说明操控成功。

2. 消费意愿

对消费意愿做独立样本 t 检验，结果表明低控制感组被试的创造体验型消费意愿显著高于高控制感组（$M_{低控制感} = 5.61$，$SD_{低控制感} = 1.34$ vs. $M_{高控制感} = 4.83$，$SD_{高控制感} = 1.44$；$t(70) = -2.371$，$p = 0.02$；$Cohen'd = 0.56$），如图 5 – 1 所示。实验结果支持假设 H1，即控制感缺失促进创造体验型消费。

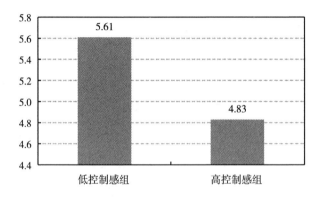

图 5 – 1　控制感对创造体验型消费的影响

3. 中介检验

使用海耶斯（Hayes，2017）PROCESS 插件做中介检验，选择模型 4，样本量选取 5000，置信区间选择 95%。进行中介检验，效应大小为 0.7485，Bootstrap 置信区间为（0.1769，1.3798），不包含 0，说明感知自主性的中介效应显著，支持假设 H2，即感知自主性中介了控制感缺失对创造体验型消费的作用。

五、研究小结

研究 3 的目的是检验假设 H2，揭示感知自主性的中介作用。与研究 2 不同，首先，本次实验使用不同的控制感操控方法，即通过阅读海啸新闻来操控被试的控制感。其次，研究 3 对因变量的测量不同。本次实验直接在创造体验型消费情境下测量被试的购买意愿。实验结果表明，低控制感组的购买意愿显著高于高控制感组。感知自主性在其中的中介作用显著，结果支持假设 H2。同时主效应结果也复制了研究 1 和研究 2 的结论，加强了研究结果的外部效度。

第四节　研究4：排除其他解释机制

一、研究目的

研究 4 的目的有以下三个方面。首先，用情景实验的方法进一步检验我们的假设 H1 和假设 H2。我们预测控制感缺失促进消费者创造体验型消费意愿，其中的解释机制是创造体验型消费能够提高消费者感知自主性，从而补偿控制感缺失。其次，排除其他混淆变量的干扰。例如，之前的研究发现控制感缺失的消费者会更偏好需要付出高努力的产品（Cutright and Samper，2014），而创造体验型消费也是需要付出努力的。为了进一步确认创造体验型消费的补偿效应，并排除其他因素的影响，研究 4 将同一产品操控为高和低创造体验型。如果组间消费意愿存在差异，则说明创造体验型消费确实可以补偿控制感，进而排除高努力的影响。最后，研究 4 中的自变量通过阅读广告材料来操控控制感，因变量则通过广告将同一个产品分别操控为创造性高、低产品，具有重要营销实践意义。

二、实验设计和流程

在某高校招募本科生被试 179 名，其中男性 76 名（$M_{年龄}$ = 20.15 岁，$SD_{年龄}$ = 1.58 岁），随机分配到 2（控制感：高 vs 低）×2（创造体验性：高 vs 低）的组间设计中。

首先，通过观看一则关于海啸的新闻来操控被试的控制感（Lembregts and Pandelaere，2019）。将被试随机分配到控制感高、低两组，材料同研究 3。在低控制感组，被试阅读的信息是受害者的命运自己无法掌控，由于科学家们还不能预测海啸，在未来的时间里还会继续如此。在高控制感组，焦点转移到海啸的毁灭性后果，以及人类已经可以改善这个结果上，而且由于科学家们在预测方面取得进展，所以人们对他们的生活重获了很多控制。该实验表面上让被试评价新闻的可读性，实际上是为了操控被试的控制感。其次，随机分配被试观看创造体验性高或低的产品广告（Rudd et al.，2018）。两组蛋糕粉广告的产品、品牌（虚构品牌）和画面都是相同的，只是操控产品的创造体验性程度不同。高创造体验性组看到的广告为"创造属于您自己的蛋糕"。低创造体验性组看到的广告为"优质蛋糕粉成就好蛋糕"。看完广告后测量被试对产品的消费意愿："您有多大可能购买广告中呈现的产品？"然后让被试报告感知自主性（Dahl and Moreau，2007）：（1）在产品评价过程中，在多大程度上感觉自己能够决定自己的事情；（2）在产品评价过程中，在多大程度上感觉有选择或表达的自由（α = 0.844）。所有的题目均采用 7 级量表。最后，让被试填写性别和年龄等人口统计变量。

三、结果与讨论

1. 消费意愿

对消费意愿做 2（控制感）×2（创造体验性）的方差分析，结果表明控制感和产品创造体验性的交互作用显著［$F(1,175)=5.672$，$p=0.018$，$\eta^2=0.031$］。随后的简单效应分析结果表明，对于低创造体验性产品组，控制感缺失组和基准组之间的消费意愿差异不显著［$M_{低控制感}=4.20$，$SD_{低控制感}=1.85$ vs. $M_{高控制感}=4.16$，$SD_{高控制感}=1.43$；$F(1,175)=0.016$，$p=0.90$，$\eta^2<0.01$］；对于高创造体验性产品组，控制感缺失组的消费意愿显著高于基准组［$M_{低控制感}=5.19$，$SD_{低控制感}=1.44$ vs. $M_{高控制感}=4.02$，$SD_{高控制感}=1.50$；$F(1,175)=11.87$，$p<0.01$，$\eta^2=0.064$］。结果如图 5–2 所示。实验结果支持假设 1，即控制感缺失促进创造体验型消费。

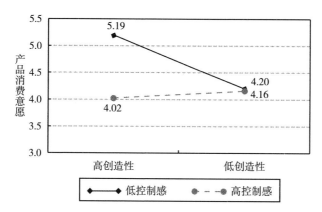

图 5–2 控制感和创造性对产品消费意愿的交互作用

2. 感知自主性

对感知自主性做 2（控制感）×2（创造体验性）的方差分析，结果表明控制感和创造体验性的交互作用显著 $[F(1,175) = 5.215, p = 0.024, \eta^2 = 0.029]$。随后的简单主效应分析结果表明，对于低创造体验性产品组，控制感缺失组和基准组之间的感知自主性差异不显著 $[M_{低控制感} = 3.69, SD_{低控制感} = 1.49$ vs. $M_{高控制感} = 4.07, SD_{高控制感} = 1.47; F(1,175) = 1.474, p = 0.23, \eta^2 = 0.01]$；对于高创造体验性产品组，控制感缺失组的感知自主性显著高于基准组 $[M_{低控制感} = 4.53, SD_{低控制感} = 1.40$ vs. $M_{高控制感} = 3.90, SD_{高控制感} = 1.56; F(1,175) = 4.022, p = 0.05, \eta^2 = 0.02]$。

3. 中介检验

使用海耶斯（Hayes，2017）PROCESS 插件做中介检验，选择模型8，样本量选取5000，置信区间选择95%。进行有调节的中介检验，效应大小为0.4137，Bootstrap 置信区间为（0.0529，0.8726），不包含0，说明有调节的中介效应显著。具体而言，对于低创造性产品组，间接效应的值为 −0.1535，bootstrap 置信区间为（−0.4625，0.0965），区间包含0，说明感知自主性的中介效应不显著；而对于高创造性产品组，间接效应的值为 −0.2602，bootstrap 置信区间为（0.0046，0.5515），区间不包含0，说明感知自主性的中介效应显著。支持假设2，即感知自主性中介了控制感缺失对创造体验型消费的作用。

四、研究小结

研究3已经在创造体验型消费的情境下检验了中介作用，为了更进一步明确创造体验性在其中的作用，也为了排除其他解释机制的影响，研究4将同一产品操控为高创造体验型产品和低创造体验型产品。首先，通过阅读新闻材料来操控被试的控制感。其次，再分组测量被试对高和低创造体验型产品的消费意愿。实验结果表明，当产品操控为高创造体验型时，控制感缺失的被试表现出更高的消费意愿；当产品为低创造体验型时，控制感缺失对消费意愿没有影响。这一结果支持我们的假设 H1，即控制感缺失的消费者对创造体验型产品的消费意愿更高。进一步，实验还检验了感知自主性的中介作用，对于高创造体验型产品，感知自主性中介了控制感对消费意愿的影响，结果支持假设 H2。

第五节　研究 5：感知限制性的调节作用

一、研究目的

研究 5 的目的有以下两个方面。一方面，检验假设 H3，即创造体验型消费的限制性的调节作用。我们预测当限制性较高时，会削弱控制感缺失对创造体验型消费的影响。另一方面，使用"限制性"这一调节变量，进一步检验中介解释机制（Spencer et al.，2005）。创造体验型消费的高限制性会削弱消费者的感知自主性（Dahl and Moreau，2007），从而削弱对控制感缺失的补偿。所以当限制性较高时，控制感缺失对创造体验型消费意愿的影响被削弱，则表明感知自主性在其中起到了中介作用。

本次实验中对控制感的操控方式同研究 2。由于本研究想要探讨的是控制感缺失对消费者偏好的影响，而且，之前的研究也表明高控制感组和基准组之间无显著差异，因此在操控中去掉了高控制感组，只对比低控制感组和基准组。创造体验型消费产品使用常见的手工制品杯垫，因变量是被试在成品和手工制作之间的选择。这种选择反映了被试对创造体验型消费的偏好。调节变量限制性则用制作杯垫的过程和结果的确定性来界定，限制性高意味着杯垫的制作过程介绍详细，最终成品也是确定的；相反，限制性低意味着杯垫的制作过程和最终成品是不确定的，需要被试自己创造。

二、实验设计和流程

在某众包网络平台招募被试 172 名（提供小额现金报酬），其中男性 92 名（$M_{年龄} = 25.49$ 岁，$SD_{年龄} = 5.15$ 岁）。实验采取 2（控制感缺失：有 vs 无）×2（限制性：高 vs 低）的组间设计。将被试随机分配到这四组中。

首先，操控被试控制感，具体方法参考相关文献（Whitson and Galinsky，2008；Chen et al.，2017a）。在低控制感组，让被试回忆生活中经历过的觉得难以控制的意外事件（如汽车、航班误点，汇报时投影出现故障等），尽可能详细描述经历，不少于 100 字。在基准组，则让被试回忆过去几周的周末一般是如何度过的，尽可能详细描述经历，不少于 100 字。

其次，告知被试研究目的是手工制作的相关企业想要了解消费者对各种材料、颜色和图形的偏好。使用的产品是 DIY 杯垫，让被试观看各种手工原材料和一些已经制作好的杯子。为了掩盖实验目的，表面上问一些关于杯垫形状和颜色的问题。随后，将被试随机分配到高限制性和低限制性组。在高限制性组：给被试展示制作过程和最终成品，让被试参与并完成产品。在低限制性组：给被试展示一些示例，让被试充分发挥创意。接着告知被试他们可以使用给定的材料和工具制作一个杯垫，或是选择由相同材料制作好的成品。如果选择自己制作水杯垫，他们可以获得一些材料和工具的基本说明，可以充分发挥自己的想象力使用手工材料创造一个自己的杯垫。被试的选择是我们的因变量，选择自己制作则编码为1，选择成品则编码为0。然后让被试报告感知自主性（Dahl and Moreau，2007）：（1）在产品评价过程中，在多大程度上感觉自己能够决定自己的事情；（2）在产品评价过程中，在多大程度上感觉有选择或表达的自由（$\alpha = 0.956$）。

最后，让被试填写性别、年龄等人口统计资料。

三、结果与讨论

1. 操控检验

两个实验助手（未参与实验且对实验内容不了解）分别独立阅读被试填写操控内容，并根据内容的控制感缺失程度打分（$\alpha = 0.915$）。使用7级量表表示控制感的程度，其中1表示非常缺乏控制感，7表示非常拥有控制感。结果显示，控制感缺失组的打分（$M = 2.87$，$SD = 1.11$）显著低于基准组［$M = 4.65$，$SD = 1.25$；$t(170) = 9.905$，$p < 0.01$，$\varphi = 0.15$］，说明控制感缺失的操控成功。

2. 消费选择

将被试的选择作为因变量，控制感、限制性及其交互项、性别和年龄作为自变量进行 logistic 回归。方程中各个变量的回归结果如表 5 – 2 所示，控制感和限制性的交互作用显著［$B = 1.270$，$Exp(B) = 3.560$，$Wald = 3.977$，$p = 0.05$］，说明创造体验型消费的限制性可以调节控制感对消费意愿的影响。当限制性较低时，控制感缺失的被试更多地选择参与创造体验型消费［$M_{控制感缺失组} = 69.05\%$ vs. $M_{无控制感缺失组} = 44.90\%$；$\chi^2(1) = 3.937$，$p = 0.047$］，而当限制性比较高时，控制感缺失对创造体验型消费者意愿的影响被削弱［$M_{控制感缺失组} = 43.75\%$ vs. $M_{无控制感缺失组} = 54.55\%$；$\chi^2(1) = 0.735$，$p = 0.391$］，结果支持假设 H3。

表 5 - 2   逻辑回归分析结果

变量	B	$S.E.$	$Wald$	显著性	$Exp(B)$	$95\%\ CI$	
控制感	-0.919	0.441	4.341	0.037	0.399	0.168	0.947
限制性	-0.870	1.441	3.893	0.048	0.419	0.177	0.994
控制感×限制性	1.270	0.637	3.977	0.046	3.560	1.022	12.398
性别	-0.096	0.312	0.095	0.758	0.908	0.493	1.674
年龄	-0.009	0.031	0.085	0.771	0.991	0.931	1.053
-2Loglikehood	232.386						
Cox & Snell R^2	0.033						
Nagelkerke R^2	0.043						

注：* 表示 $p < 0.1$，** 表示 $p < 0.05$，*** 表示 $p < 0.01$。

3. 中介检验

使用海耶斯（Hayes，2017）PROCESS 插件做中介检验，选择模型 8，样本量选取 5000，置信区间选择 95%。进行有调节的中介检验，效应大小为 0.6505，Bootstrap 置信区间为（0.0429，1.4531），不包含 0，说明有调节的中介效应显著。具体而言，对于低限制性产品组，间接效应的值为 0.5256，bootstrap 置信区间为（0.1227，1.0794），区间不包含 0，说明感知自主性的中介效应显著；而对于高限制性产品组，bootstrap 置信区间为（-0.6504，0.3569），区间包含 0，说明感知自主性的中介效应不显著，支持假设 H2，即感知自主性中介了控制感缺失对创造体验型消费的作用。

四、研究小结

前面的 4 个研究已经较为完善地检验了本书的主效应和中介机制。研究 5 聚焦于上述效应的边界，即创造体验型消费限制性的调节作用。本次实验采用与研究 2 相同的控制感操控方法和消费意愿测量方法，不同的是，通过改变创造体验型产品过程和结果的确定来操控限制性。实验结果表明，限制性的调节作用显著，结果支持假设 H3。具体来说，当限制性较低时，控制感缺失的被试更多地选择参与创造体验型消费，结果与之前的一致，支持假设 H1；而当限制性比较高时，控制感缺失对创造体验型消费者意愿的影响被削弱。中介检验的结果表明感知自主性中介了控制感缺失对创造体验型消费的作用，支持假设 H2。最后，由于已有研究发现创造体验型消费的限制性越高，感知自主性越低（Dahl and Moreau，2007），研究 5 通过限制性的调节作用进一步检验了感知自主性的中介作用。

综上，5 个研究通过二手数据和实验法相结合的方式，有效地提高了实验结果的内外部效度。实验中的材料和操控方法均参考权威期刊中使用的材料和方法，适当修改后通过前测实验，保证了方法和材料的有效性。4 个实验使用了不同的操控方法、不同的实验刺激以及实验材料，保障了实验结果的稳健性。

第六章

总体讨论

第一节 研究总结

在疫情、自然灾害、经济危机等事件频繁发生的社会背景下，控制感缺失已经成为人们最常见的心理状态之一。由于控制感缺失带来的消极心理和生理影响，人们会通过各种行为进行补偿，营销领域也有大量研究探讨了控制补偿心理机制下的消费行为。在控制感缺失时，消费者往往表现出更"保守"的消费偏好，而本书的研究表明，控制感缺失的消费者也可能表现出主动寻求并参与创造体验型消费行为。通过5个研究，我们发现了控制感缺失的另一种补偿消费方式，即创造体验型消费。这一效应是由于创造体验型消费可以给消费者带来感知自主性。本书结合二手数据分析和实验室实验法检验了我们的研究假设。研究中采用了不同控制感的操控方式，对创造体验型消费意愿也采用了不同测量方式，这些都保证了结果的稳健性。尽管通常情况下控制感缺失会给消费者带来消极的影响，本书认为较低的控制感也有可能产生积极的一面，即能够促进个体的创新意愿，让消费者更愿意选择创造体验型消费。具体研究结果如表6-1所示。

表 6 - 1　　　　　　　　　研究结论小结

研究	实验目的	自变量	因变量	主要结论
研究 1	大样本主效应	二手数据	二手数据	个人控制感与个体创造意愿有显著相关关系。个人控制感越低，个体的创造意愿越高。支持假设 1
研究 2	实验法检验主效应	写作任务（回忆经历）	手工巧克力（自制 vs 成品）	相比于高控制感组，低控制感组的被试更多地选择自制手工巧克力。支持假设 1
研究 3	实验法检验中介，更换自变量操控和消费情境	阅读材料	自制巧克力；购买意愿	相比于高控制感组，低控制感组的被试对自制手工巧克力的消费意愿更高，感知自主性中介作用显著。支持假设 1 和假设 2
研究 4	排除其他解释机制，重复主效应和中介效应	阅读材料	蛋糕粉（同一广告操控行为）；购买意愿	对于创造体验型产品，低控制感组（相比于高控制感组）的购买意愿更高；对于低创造体验型产品，两组购买意愿无显著差异。支持假设 1 和假设 2
研究 5	检验调节	写作任务（回忆经历）	手工杯垫（自制 vs 成品）；选择	当创造体验型消费的限制性较低时，低控制感组的被试更多地选择创造体验型消费；当创造体验型消费的限制性高时，两组被试的选择无显著差异。结果支持假设 1、假设 2 和假设 3

总体而言，本书的研究结论如下：

首先，本书探讨了控制感缺失和创造体验型消费之间的关系。通过两个研究、1 个二手数据和 1 个实验法检验二者之间的关系。二手数据的结果表明，控制感越低的个体会表现出更高的创造意愿，这为本书的假设 H1 提供了初步的证据。随后使用实验法检验。具体来说，先通过写作任务操控被试的控制感，然后测量被试的创造体验型消费意愿。结果发现，控制感低的被试的确更多地选择了创造体验型消费（手工制作巧克力），结果支持假设 H1。

其次，本书揭示了上述效应的中介机制，即感知自主性中介控制感缺失对创造体验型消费的影响。研究 3 在创造体验型消费的情景下，通过阅读新闻材料启动被试的控制感，然后测量高控制感和低控制感组的购买意愿，并测量了感知自主性。结果发现，感知自主性中介了控制感缺失对创造体验型消费意愿的影响。为了进一步排斥其他解释机制，在研究 4 中，本书将同一产品操控为高创造体验性和低创造体验性产品，同样也测量了感知自主性的中介作用。结果表明，控制感与创造体验性对购买意愿的交互作用显著，且感知自主性起到了中介作用。结果支持假设 H1 和假设 H2。

最后，本书检验了限制性的调节作用。前面的研究已经检验了控制感对创造体验型消费意愿的影响及机制。研究 5 进一步探讨上述效应存在的边界条件。同样，首先通过写作任务操控被试的控制感，然后随机分配为高限制性组和低限制性组，分别测量消费者的选择。结果发现，当创造体验型消费的限制性较低时，控制感缺失能够提高创造体验型消费意愿；当创造体验型消费的限制性较高时，控制感缺失对创造体验型消费意愿的影响不显著。原因在于，此时的创造体验型消费不能给消费者提供感知自主性。由于已有研究发现创造体验型消费的限制性越高，感知自主性越低（Dahl and Moreau，2007），研究 5 通过限制性的调节效应，也侧面检验了本书的中介机制。

第二节　理论贡献

本书的理论贡献有以下几个方面。

第一，对控制感和消费补偿的研究有一定的贡献。消费补偿的研究表明，消费者体会到自我差异（如控制感、权利、智力等）会通过消费补偿自我威胁（Mandel et al.，2017）。例如，当感知经济流动比较差时，经济社会地位较低的消费者会通过多样化寻求补偿自己的控制感

（Yoon and Kim，2018）。而在控制感的补偿研究中，以往的研究主要集中在产品本身的特征上。例如，通过产品或品牌中的点值（相比于范围值）的数字形式（Lembregts and Pandelaere，2019）、产品或品牌的边框（Cutright，2012）等来重新建立外部环境的秩序或可预测性（Whitson and Galinsky，2008；Lembregts and Pandelaere，2019）；或者通过产品或品牌特征如需要高努力的产品（Cutright and Samper，2014）、实用品（Chen et al.，2017a）或高代理感等来提升个人代理感，从而修复控制感。本书研究控制感缺失的另一种消费补偿方式，即创造体验型消费，试图探讨控制感缺失的消费者是否会表现出更多的消费过程的参与。这是对控制感和消费补偿理论的有益拓展。

第二，对创造体验型消费研究的有益补充。已有的研究主要关注两个方面的内容：消费者的参与动机以及如何提高消费者在消费过程中的创造力。就消费者的参与动机而言，研究发现社会比较（Moreau and Herd，2010）、学习（Rudd et al.，2018）、展现能力和自主性（Dahl and Moreau，2007；Mochon et al.，2012）等动机都会驱动消费者参与创造体验型消费。就如何提高消费者在消费过程中的创造力而言，环境因素包括时间限制、情境卷入度、环境噪音（Burroughs and Mick，2004；Mehta et al.，2012），个人因素包括控制点、隐喻思考能力等（Burroughs and Mick，2004），外部的激励如金钱和社会认同等（Mehta et al.，2017；Burroughs et al.，2011）都会影响消费者在消费过程中的创造力表现。可以发现前者的研究缺少对外部环境因素的关注，而后者的研究则更多地集中在环境因素和外部激励如何影响消费者的创造意愿上，而没有直接探讨消费者对创造体验型产品的消费意愿。除了最近的研究关注了敬畏对消费者创造体验型消费的影响（Rudd et al.，2018），仍少有研究探讨消费情景因素对创造型消费行为的影响。为了弥补这一不足，本书探讨控制感这一十分普遍和重要的状态如何影响创造性消费参与意愿。

第三，对自我决定理论有一定的贡献。尽管有定性分析探讨了自主性是创造体验消费者的动机之一（Dahl and Moreau，2007），本书通过实证分析检验了感知自主性对消费者参与创造体验型消费的驱动作用，以及感知自主性对控制感的补偿作用。本研究将自我决定理论应用到创造体验型消费这一营销情境下，有效拓展了自我决定理论的应用场景，而且本书揭示了感知自主性对个人控制感的作用，对我们深入理解自我决定理论有一定帮助。

第三节　实践启示

本书的研究结论对企业营销和消费者都有重要的实践启示。

一方面，对提高企业营销绩效有一定的指导意义。本书识别了消费者参与创造体验型消费的重要影响因素——控制感。根据我们的结论，控制感低的消费者更愿意参与创造体验型消费。据此，第一，营销人员可以将控制感操控作为营销手段和工具，如社会密度（Consiglio et al.，2018）、社会排斥（Su et al.，2017）等都会影响消费者的控制感。第二，识别目标客户的控制感可以作为企业推出创造体验型产品的重要营销策略，如从地域考虑，多灾多难的地区、贫穷地区的消费者控制感普遍较低（Yoon and Kim，2018），再如在互联网时代，影响广泛的负面社会新闻、经济社会危机等事件也会影响消费者的控制感。第三，对企业的产品沟通策略有一定的指导意义。企业可以根据实际情况，在新产品中加入创造体验性。这种创造体验的元素不仅可以附着在产品本身，还可以通过附属产品或者包装等形式表现。

另一方面，对提高消费者控制感有一定的启示。控制感对个体生理和心理健康都有着重要意义，例如，马丁和希尔（2012）通过对世界价值观调查的数据分析发现自主性可以改善贫穷对生活满意度的影响，本研究也发现自主性和创造体验型消费对控制感缺失的补偿作用。根据这一结论，企业、社会组织和政府部门可以通过提高自主性与创造体验性的方式补偿个体控制感，从而提升消费者福祉。对消费者个人而言，也可以通过参与创造体验型消费来补偿自身的控制感缺失，改善心理状态。

第四节　研究局限与展望

本书还存在以下几点不足和值得进一步探索的方面。

首先，缺少田野数据的观察和测量。本书探讨了控制感缺失如何影响消费者参与创造体验型消费的意愿。虽然意愿一定程度上决定消费者的行为，但并不等同。为了进一步加强研究结论的现实效果，未来的研究可以观察行为的二手数据或者在实验设计中测量行为数据。

其次，与控制感相关的个人特质的影响值得进一步探索。例如，控制感缺失的补偿行为还与个体的控制欲有关。虽然大多数情况下，人们都希望保持良好的控制感，但是对控制欲或者控制感需求低的人，是否会有不同的补偿行为呢？我们可以推测控制欲低的人可能在面临控制感威胁时，会体验到更少的自我差异，从而表现出更少的补偿。类似地，控制点也可能会有影响，面临控制感威胁时，内控的人会激发准确性动机，而外控的人会促进防御动机（Chaxel，2016）。总之，在未来的研究中，可以考虑更多其他特质的影响。

最后，更多的消费情境值得进一步探索。例如，由于创造体验型消费本身特征的影响，不同类型是否会存在不一样的补偿机制？除了自主性以外，一些创造体验消费非常考验能力，能力展现也可以补偿自我差异（Mandel et al.，2017）。再如，本书只探讨了创造体验型消费的消费意愿，控制感缺失是否会对创造体验型消费中的体验和消费后的评价有所影响值得进一步探讨。

附　录

研究 2　实验材料

情景 1：低控制感组实验问卷

您好，我们正在进行一项消费者行为的调研，请您根据您的真实想法填写，感谢您的参与！问卷不涉及也不会泄露您的任何隐私。

请您回忆生活中经历过的、让您觉得难以控制的意外事件（如汽车、航班误点，汇报时投影故障等）。请尽可能详细描述，不少于100字。

_____

请您想象，您正在一家手工巧克力店，准备购买巧克力。现有两种选择，您可以选择自己制作一块手工巧克力，或者选择一块制作好的成品。请问您会如何选择？

□ 表示自己制作

□ 表示购买成品

根据您回忆的事情作答（您在多大程度上同意以下说法）：

（1）当时的情况在我的掌控之中。_____

非常不同意 1　2　3　4　5　6　7 非常同意

（2）我有能力影响当时发生的事情。_____

非常不同意 1　2　3　4　5　6　7 非常同意

您的性别：□男 □女

年龄：_____

情景 2：高控制感组实验问卷

您好，我们正在进行一项消费者行为的调研，请您根据您的真实想法填写，感谢您的参与！问卷不涉及也不会泄露您的任何隐私。

请您回忆生活中经历过的、让您觉得控制感很高的意外事件（例如，考试异常的难，但是您通过了）。请尽可能详细描述，不少于100字。

_____

请您想象，您正在一家手工巧克力店，准备购买巧克力。现有两种选择，您可以选择自己制作一块手工巧克力，或者选择一块制作好的成品。请问您会如何选择？

☐ 表示自己制作

☐ 表示购买成品

根据您回忆的事情作答（您在多大程度上同意以下说法）：

（1）当时的情况在我的掌控之中。_____

非常不同意 1　2　3　4　5　6　7 非常同意

（2）我有能力影响当时发生的事情。_____

非常不同意 1　2　3　4　5　6　7 非常同意

您的性别：☐男 ☐女

年龄：_____

情景 3：基准组实验问卷

您好，我们正在进行一项消费者行为的调研，请您根据您的真实想法填写，感谢您的参与！问卷不涉及也不会泄露您的任何隐私。

请您回忆过去几周的周末一般都是如何度过的。请尽可能详细描述，不少于 100 字。

请您想象，您正在一家手工巧克力店，准备购买巧克力。现有两种选择，您可以选择自己制作一块手工巧克力，或者选择一块制作好的成品。请问您会如何选择？

□ 表示自己制作

□ 表示购买成品

根据您回忆的事情作答（您在多大程度上同意以下说法）：

（1）当时的情况在我的掌控之中。＿＿＿＿＿＿

非常不同意 1 2 3 4 5 6 7 非常同意

（2）我有能力影响当时发生的事情。＿＿＿＿＿＿

非常不同意 1 2 3 4 5 6 7 非常同意

您的性别：□男 □女

年龄：＿＿＿＿＿＿

研究3　实验材料

情景1：低控制感组实验问卷

第一部分旨在了解人们如何评价新闻网站上消息的可读性，请仔细阅读新闻材料，并回答相关问题。

海啸来袭——人类完全无法控制的灾难

一场海啸突袭，由于**缺乏预警**，海啸造成多人死伤，数万人紧急撤离。后续报告显示，目前科学家们**还没有预测海啸的能力**，世界各地的海啸灾难往往发生在毫无预警的情况下。在海啸面前人类还十分渺小，一旦发生就**无法掌控**。

您在多大程度上同意这则新闻是简单易懂的？_____（非常不同意选1，非常同意选7，下同）

非常不同意 1　2　3　4　5　6　7 非常同意

第二部分的调查是我们想了解您对一张广告图片的评价。请您仔细观看以下的广告图片，并回答相关问题。

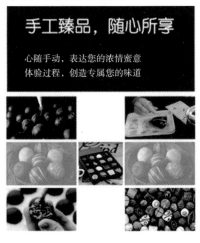

（1）您对这则广告设计的评价。_____

非常不好 1　2　3　4　5　6　7 非常好

（2）您有多大可能参与制作手工巧克力？_____

完全不可能 1　2　3　4　5　6　7 非常可能

（3）您有多大兴趣参与制作手工巧克力？_____

完全没兴趣 1　2　3　4　5　6　7 非常有兴趣

（4）手工巧克力在多大程度上能够让您感觉自己能够决定自己的事情？_____

完全不能 1　2　3　4　5　6　7 非常能

（5）手工巧克力在多大程度上能够让您感觉有选择或表达的自由？_____

完全不能 1　2　3　4　5　6　7 非常能

（6）在遭遇海啸时，人们在多大程度上能够预防死于海啸？_____

完全不能 1　2　3　4　5　6　7 非常能

您的性别：□男 □女

年龄：_____

情景2：高控制感组实验问卷

第一部分旨在了解人们如何评价新闻网站上消息的可读性，请仔细阅读新闻材料，并回答相关问题。

海啸来袭——给人类带来了惨重后果

一场海啸来袭，由于**破坏性十分强大**。海啸造成多人死伤，数万人紧急撤离。后续报告显示，目前科学家们已经**提高了预测海啸的能力**，世界各地的海啸灾难大多**能够被准确预测**。在海啸面前人们已经取得了**一定的控制能力**。

您在多大程度上同意这则新闻简单易懂。_____

非常不同意 1　2　3　4　5　6　7 非常同意

第二部分的调查是我们想了解您对一张广告图片的评价。请您仔细观看以下的广告图片，并回答相关问题。

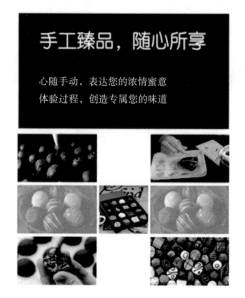

（1）您对这则广告设计的评价。_____

非常不好 1　2　3　4　5　6　7 非常好

（2）您有多大可能参与制作手工巧克力？_____

完全不可能 1　2　3　4　5　6　7 非常可能

（3）您有多大兴趣参与制作手工巧克力？_____

完全没兴趣 1　2　3　4　5　6　7 非常有兴趣

（4）手工巧克力在多大程度上能够让您感觉自己能够决定自己的事情？_____

完全不能 1　2　3　4　5　6　7 非常能

（5）手工巧克力在多大程度上能够让您感觉有选择或表达的自由？_____

完全不能 1　2　3　4　5　6　7 非常能

（6）在遭遇海啸时，人们在多大程度上能够预防死于海啸？_____

完全不能 1　2　3　4　5　6　7 非常能

您的性别：□男 □女

年龄：_____

研究4　实验材料

情景1：低控制感—低创造性组实验问卷

第一部分旨在了解人们如何评价新闻网站上消息的可读性，请仔细阅读新闻材料，并回答相关问题。

海啸来袭——人类完全无法控制的灾难

一场海啸突袭，由于**缺乏预警**，海啸造成多人死伤，数万人紧急撤离。后续报告显示，目前科学家们**还没有预测海啸的能力**，世界各地的海啸灾难往往发生在毫无预警的情况下。在海啸面前人类还十分渺小，一旦发生就**无法掌控**。

您在多大程度上同意，这则新闻简单易懂。_____

非常不同意 1　2　3　4　5　6　7 非常同意

第二部分的调查是我们想了解您对一张广告图片的评价。请您仔细观看以下的广告图片，并回答相关问题。

（1）您对这则广告语设计的评价。_____

非常不好 1　2　3　4　5　6　7 非常好

（2）这则广告设计是简洁美观的。_____

非常不同意 1　2　3　4　5　6　7 非常同意

（3）您有多大可能购买广告中的产品？_____

非常不同意 1　2　3　4　5　6　7 非常同意

（4）在产品评价过程中，您在多大程度上感觉自己能够决定自己的事情？_____

非常不同意 1　2　3　4　5　6　7 非常同意

（5）在产品评价过程中，您在多大程度上感觉自己有选择或表达的自由？_____

非常不同意 1　2　3　4　5　6　7 非常同意

您的性别：□男 □女

年龄：_____

情景 2：低控制感—高创造性组实验问卷

第一部分旨在了解人们如何评价新闻网站上消息的可读性，请仔细阅读新闻材料，并回答相关问题。

海啸来袭——人类完全无法控制的灾难

一场海啸突袭，由于**缺乏预警**，海啸造成多人死伤，数万人紧急撤离。后续报告显示，目前科学家们**还没有预测海啸的能力**，世界各地的海啸灾难往往发生在毫无预警的情况下。在海啸面前人类还十分渺小，一旦发生就**无法掌控**。

您在多大程度上同意，这则新闻是简单易懂的？_____

非常不同意 1　2　3　4　5　6　7 非常同意

第二部分的调查我们想了解您对一张广告图片的评价。请您仔细观看以下的广告图片，并回答相关问题。

（1）您对这则广告语设计的评价。_____

非常不同意1　2　3　4　5　6　7 非常同意

（2）这则广告设计简洁美观。_____

非常不同意1　2　3　4　5　6　7 非常同意

（3）您有多大可能购买广告中的产品？_____

非常不同意1　2　3　4　5　6　7 非常同意

（4）在产品评价过程中，您在多大程度上感觉自己能够决定自己的事情？_____

非常不同意1　2　3　4　5　6　7 非常同意

（5）在产品评价过程中，您在多大程度上感觉有选择或表达的自由？_____

非常不同意1　2　3　4　5　6　7 非常同意

您的性别：□男 □女

年龄：_____

情景3：高控制感—低创造性组实验问卷

第一部分旨在了解人们如何评价新闻网站上消息的可读性，请仔细阅读新闻材料，并回答相关问题。

海啸来袭——给人类带来了惨重后果

一场海啸来袭，由于**破坏性十分强大**。海啸造成多人死伤，数万人紧急撤离。后续报告显示，目前科学家们已经**提高了预测海啸的能力**，世界各地的海啸灾难大多**能够被准确预测**。在海啸面前人们已经取得了**一定的控制能力**。

您在多大程度上同意，这则新闻是简单易懂的？_____

非常不同意 1　2　3　4　5　6　7 非常同意

第二部分的调查我们想了解您对一张广告图片的评价。请您仔细观看以下的广告图片，并回答相关问题。

（1）您对这则广告语设计的评价。_____

非常不同意 1　2　3　4　5　6　7 非常同意

（2）这则广告设计简洁美观。＿＿＿＿＿＿＿

非常不同意1　2　3　4　5　6　7 非常同意

（3）您有多大可能购买广告中的产品？＿＿＿＿＿＿＿

非常不同意1　2　3　4　5　6　7 非常同意

（4）在产品评价过程中，您在多大程度上感觉自己能够决定自己的事情？＿＿＿＿＿＿＿

非常不同意1　2　3　4　5　6　7 非常同意

（5）在产品评价过程中，您在多大程度上感觉有选择或表达的自由？＿＿＿＿＿＿＿

非常不同意1　2　3　4　5　6　7 非常同意

您的性别：□男 □女

年龄：＿＿＿＿＿＿＿

情景4：高控制感—高创造性组实验问卷

第一部分旨在了解人们如何评价新闻网站上消息的可读性，请仔细阅读新闻材料，并回答相关问题。

海啸来袭——给人类带来了惨重后果

一场海啸来袭，由于**破坏性十分强大**。海啸造成多人死伤，数万人紧急撤离。后续报告显示，目前科学家们已经**提高了预测海啸的能力**，世界各地的海啸灾难大多**能够被准确预测**。在海啸面前人们已经取得了**一定的控制能力**。

您在多大程度上同意，这则新闻是简单易懂的？＿＿＿＿＿＿＿

非常不同意1　2　3　4　5　6　7 非常同意

第二部分的调查我们想了解您对一张广告图片的评价。请您仔细观看以下的广告图片，并回答相关问题。

创造属于您自己的蛋糕

用心挑选优质低筋小麦为原料，细致研磨加工而成。粉质细腻、麦香浓郁，细腻、蓬松、不结块。做出来的蛋糕口感绵长香浓，组织细腻松软，为您带来便捷的烘焙体验。

亲手制作，参与烘焙

（1）您对这则广告语设计的评价。_____

非常不同意 1　2　3　4　5　6　7 非常同意

（2）这则广告设计简洁美观。_____

非常不同意 1　2　3　4　5　6　7 非常同意

（3）您有多大可能购买广告中的产品？_____

非常不同意 1　2　3　4　5　6　7 非常同意

（4）在产品评价过程中，您在多大程度上感觉自己能够决定自己的事情？_____

非常不同意 1　2　3　4　5　6　7 非常同意

（5）在产品评价过程中，您在多大程度上感觉有选择或表达的自由？_____

非常不同意 1　2　3　4　5　6　7 非常同意

您的性别：□男 □女

年龄：_____

研究 5　实验材料

情景 1：高控制感—高限制性组实验问卷

您好，我们正在进行一项消费者行为的调研，请您根据您的真实想法填写，感谢您的参与！

请您回忆过去几周的周末一般都是如何度过的。请尽可能详细描述，不少于 100 字。

本次调查旨在帮助手工制作的企业了解消费者对产品形状、图案的偏好。该企业的主要产品是杯垫，由高密度软木制作而成，具备良好的隔热性能，手感柔软，并能够吸水防潮。

该杯垫制作过程简单，可按消费者的喜好进行创意设计，帮助消费者较为轻松地体验到手工制作的乐趣。图中展示了几个样品，现在请您按照您自己的喜好回答以下问题。

（1）您更喜欢哪种形状的？_____

A. 规则形状（如圆形、方形）　　　B. 不规则形状

（2）您认为一个杯垫包含几种颜色比较合适？_____

A. 两种及以下　　B. 3~5种　　C. 不一定

（3）请想象如果您正在实体店准备购买一个杯垫，您可以选择已经制作好的成品，或者自己动手制作一个杯垫，如果选择自己制作可以获得所选样本所需的材料、工具及说明。请问您会选择哪一种？_____

A. 杯垫成品　　　　　B. 自己制作

（4）在产品评价过程中，您在多大程度上感觉自己能够决定自己的事情？_____

非常不同意 1　2　3　4　5　6　7 非常同意

（5）在产品评价过程中，您在多大程度上感觉有选择或表达的自由？_____

非常不同意 1　2　3　4　5　6　7 非常同意

您的性别：□男 □女

年龄：_____

情景2：低控制感—高限制性组实验问卷

您好，我们正在进行一项消费者行为的调研，请您根据您的真实想法填写，感谢您的参与！

请您回忆生活中经历过的让您觉得难以控制的意外（如汽车、航班误点或汇报时投影出现故障等）。请尽可能详细描述，不少于100字。

───────────────────────

本次调查旨在帮助手工制作的企业了解消费者对产品形状、图案的偏好。该企业的主要产品是杯垫，由高密度软木制作而成，具备良好的

隔热性能，手感柔软，并能够吸水防潮。

该杯垫制作过程简单，可按消费者的喜好进行创意设计，帮助消费者较为轻松地体验手工制作的乐趣。图中展示了几个样品，现在请您按照您自己的喜好回答以下问题。

（1）您更喜欢哪种形状的杯垫？＿＿＿＿＿＿＿

A. 规则形状（如圆形、方形）　　　B. 不规则形状

（2）您认为一个杯垫包含几种颜色比较合适？＿＿＿＿＿＿＿

A. 两种及以下　　　B. 3～5 种　　　C. 不一定

（3）请想象如果您正在实体店准备购买一个杯垫，您可以选择已经制作好的成品，或者自己动手制作一个杯垫，如果选择自己制作可以获得所选样本所需的材料、工具及说明。请问您会选择哪一种？＿＿＿＿＿＿＿

A. 杯垫成品　　　　B. 自己制作

（4）在产品评价过程中，您在多大程度上感觉自己能够决定自己的事情？＿＿＿＿＿＿＿

非常不同意 1　2　3　4　5　6　7 非常同意

（5）在产品评价过程中，您在多大程度上感觉有选择或表达的自由？＿＿＿＿＿＿＿

非常不同意1　2　3　4　5　6　7　非常同意

您的性别：□男　□女

年龄：＿＿＿＿＿＿

情景3：高控制感—低限制性组实验问卷

您好，我们正在进行一项消费者行为的调研，请您根据您的真实想法填写，感谢您的参与！

请您回忆过去几周的周末一般都是如何度过的。请尽可能详细描述，不少于100字。

本次调查旨在帮助手工制作的企业了解消费者对产品形状、图案的偏好。该企业的主要产品是杯垫，由高密度软木制作而成，具备良好的隔热性能，手感柔软，并能够吸水防潮。

该杯垫制作过程简单，可按消费者的喜好进行创意设计，帮助消费者较为轻松地体验到手工制作的乐趣。图中展示了几个样品，现在请您按照您自己的喜好回答以下问题。

（1）您更喜欢哪种形状的杯垫？_____

A. 规则形状（如圆形、方形）　　　B. 不规则形状

（2）您认为一个杯垫包含几种颜色比较合适？_____

A. 两种及以下　　B. 3~5 种　　　C. 不一定

（3）请想象如果您正在实体店准备购买一个杯垫，您可以选择已经制作好的成品，或者发挥自己的想象力制作一个杯垫，如果选择自己制作可以获得所需的材料、工具及说明。请问您会选择哪一种？_____

A. 杯垫成品　　　　B. 自己制作

（4）在产品评价过程中，您在多大程度上感觉自己能够决定自己的事情？_____

非常不同意1　2　3　4　5　6　7 非常同意

（5）在产品评价过程中，您在多大程度上感觉有选择或表达的自由？_____

非常不同意1　2　3　4　5　6　7 非常同意

您的性别：□男 □女

年龄：_____

情景4：低控制感—低限制性组实验问卷

您好，我们正在进行一项消费者行为的调研，请您根据您的真实想法填写，感谢您的参与！

请您回忆生活中经历过的让您觉得难以控制的意外（如汽车、航班误点或汇报时投影出现故障等）。请尽可能详细描述，不少于100字。

本次调查旨在帮助手工制作的企业了解消费者对产品形状、图案的偏好。该企业的主要产品是杯垫，由高密度软木制作而成，具备良好的隔热性能，手感柔软，并能够吸水防潮。

该杯垫制作过程简单，可按消费者的喜好进行创意设计，帮助消费者较为轻松地体验到手工制作的乐趣。图中展示了几个样品，现在请您按照您自己的喜好回答以下问题。

（1）您更喜欢哪种形状的？_____

A. 规则形状（如圆形、方形）　　　B. 不规则形状

（2）您认为一个杯垫包含几种颜色比较合适？_____

A. 两种及以下　　　B. 3~5 种　　　C. 不一定

（3）请想象如果您正在实体店准备购买一个杯垫，您可以选择已经制作好的成品，或者发挥自己的想象力制作一个杯垫，如果选择自己制作可以获得所需的材料、工具及说明。请问您会选择哪一种？_____

A. 杯垫成品　　　　B. 自己制作

（4）在产品评价过程中，您在多大程度上感觉自己能够决定自己的事情？_____

非常不同意 1　2　3　4　5　6　7 非常同意

（5）在产品评价过程中，您在多大程度上感觉有选择或表达的自由？_____

非常不同意 1　2　3　4　5　6　7 非常同意

您的性别：□男 □女

年龄：_____

参 考 文 献

［1］Abramson L. Y. , Seligman M. E. , Teasdale J. D. , Learned help-lessness in humans: Critique and reformulation. *Journal of Abnormal Psychology*, Vol. 87, No. 1, 1978, pp. 49 – 74.

［2］Ahuvia A. C. , Beyond the Extended Self: Loved Objects and Consumers' Identity Narratives. *Journal of Consumer Research*, Vol. 32, No. 1, 2005, pp. 171 – 184.

［3］Akbar G. L. , Thinking Critically About Self-Determination: A Literature Review. *Journal of Social Work Values & Ethics*, Vol. 16, No. 2, 2019, pp. 9 – 17.

［4］Anderson C. , Kilduff G. J. , Why do dominant personalities attain influence in face-to-face groups? The competence-signaling effects of trait dominance. *Journal of Personality and Social Psychology*, Vol. 96, No. 2, 2009, pp. 491 – 503.

［5］Anthony D. B. , Wood J. V. , Holmes J. G. , Testing sociometer theory: Self-esteem and the importance of acceptance for social decision-making. *Journal of Experimental Social Psychology*, Vol. 43, No. 3, 2007, pp. 425 – 432.

［6］Antonovsky A. *Health, stress, and coping*. San Francisco, CA: Jossey-Bass, 1979.

[7] Atalay A. S. , Meloy M. G. , Retail therapy: A strategic effort to improve mood. *Psychology & Marketing*, Vol. 28, No. 6, 2011, pp. 638 –659.

[8] Averill J. R. , Personal control over aversive stimuli and its relationship to stress. *Psychological Bulletin*, Vol. 80, No. 4, 1973, pp. 286 –303.

[9] Bagozzi R. P. , Dholakia U. , Goal setting and goal striving in consumer behavior. *Journal of Marketing*, Vol. 63, 1999, pp. 19 –32.

[10] Bandura A. , Self-efficacy: toward a unifying theory of behavioral change. *Advances in Behaviour Research & Therapy*, Vol. 84, No. 4, 1977, pp. 139 –161.

[11] Barasch A. , Berger J. , Broadcasting and narrowcasting: How audience size affects what people share. *Journal of Marketing Research*, Vol. 51, No. 3, 2014, pp. 286 –299.

[12] Baumeister R. F. , Suicide as Escape from Self. *Psychological Review*, Vol. 97, 1990, pp. 90 –113.

[13] Baumeister R. F. , Leary M. R. , The need to belong: Desire for interpersonal attachments as a fundamental human motivation. *Psychological Bulletin*, Vol. 117, No. 3, 1995, P. 497.

[14] Baumeister R. F. , Tice D. M. , Hutton D. G. , Self-presentational motivations and personality differences in self-esteem. *Journal of Personality*, Vol. 57, No. 3, 1989, pp. 547 –579.

[15] Baumol W. J. , Ide E. A. , Variety in retailing. *Management Science*, Vol. 3, No. 1, 1956, pp. 93 –101.

[16] Beck J. T. , Rahinel R. , Bleier A. , Company Worth Keeping: Personal Control and Preferences for Brand Leaders. *Journal of Consumer Research*, Vol. 46, No. 5, 2020, pp. 871 –886.

[17] Belk R. W. , Possessions and the Extended Self. *Journal of Con-

sumer Research, Vol. 15, No. 2, 1988, pp. 139 – 168.

[18] Belk R. W. , Extended Self in a Digital World. *Journal of Consumer Research*, Vol. 40, No. 3, 2013, pp. 477 – 500.

[19] Bellezza S. , Gino F. , Keinan A. , The Red Sneakers Effect: Inferring Status and Competence from Signals of Nonconformity. *Journal of Consumer Research*, Vol. 41, No. 1, 2014, pp. 35 – 54.

[20] Berger J. , Arousal increases social transmission of information. *Psychological Science*, Vol. 22, No. 7, 2011, pp. 891 – 893.

[21] Bhattacharjee A. , Berger J. , Menon G. , When Identity Marketing Backfires: Consumer Agency in Identity Expression. *Journal of Consumer Research*, Vol. 41, No. 2, 2014, pp. 294 – 309.

[22] Bodner R. , Prelec D. , Self-signaling and diagnostic utility in everyday decision making. *The psychology of economic decisions*, Vol. 1, 2003, pp. 105 – 126.

[23] Botti S. , Mcgill A. L. , The Locus of Choice: Personal Causality and Satisfaction with Hedonic and Utilitarian Decisions. *Journal of Consumer Research*, Vol. 37, No. 6, 2011, pp. 1065 – 1078.

[24] Botti S. , Orfali K. , Iyengar S. S. , Tragic Choices: Autonomy and Emotional Responses to Medical Decisions. *Journal of Consumer Research*, Vol. 36, No. 3, 2009, pp. 337 – 352.

[25] Boyoun C. , Rui Z. H. U. , Environmental Disorder Leads to Self-Regulatory Failure. *Journal of Consumer Research*, Vol. 40, No. 6, 2014, pp. 1203 – 1218.

[26] Brown J. D. , Dutton K. A. , The thrill of victory, the complexity of defeat: Self-esteem and people's emotional reactions to success and failure. *Journal of Personality Social Psychology*, Vol. 68, No. 4, 1995, P. 712.

［27］ Buechel E. C. , Janiszewski C. , A Lot of Work or a Work of Art: How the Structure of a Customized Assembly Task Determines the Utility Derived from Assembly Effort. *Journal of Consumer Research*, Vol. 40, No. 5, 2014, pp. 960 – 972.

［28］ Burger J. M. , Desire for control and achievement-related behaviors. *Journal of Personality and Social Psychology*, Vol. 48, No. 6, 1985, pp. 1520 – 1533.

［29］ Burroughs J. E. , Dahl D. W. , Moreau C. P. , et al. , Facilitating and Rewarding Creativity During New Product Development. *Journal of Marketing*, Vol. 75, No. 4, 2011, pp. 53 – 67.

［30］ Burroughs J. E. , Mick D. G. , Exploring antecedents and consequences of consumer creativity in a problem-solving context. *Journal of Consumer Research*, Vol. 31, No. 2, 2004, pp. 402 – 411.

［31］ Campbell J. D. , Self-esteem and clarity of the self-concept. *Journal of Personality Social Psychology*, Vol. 59, No. 3, 1990, P. 538.

［32］ Carmon Z. , Wertenbroch K. , Zeelenberg M. , Option Attachment: When Deliberating Makes Choosing Feel like Losing. *Journal of Consumer Research*, Vol. 30, No. 1, 2003, pp. 15 – 29.

［33］ Carter T. J. , Gilovich T. , I Am What I Do, Not What I Have: The Differential Centrality of Experiential and Material Purchases to the Self. *Journal of Personality & Social Psychology*, Vol. 102, No. 6, 2012, pp. 1304 – 1317.

［34］ Chang W. , Taylor S. A. , The Effectiveness of Customer Participation in New Product Development: A Meta-Analysis. *Journal of Marketing*, Vol. 80, No. 1, 2016, pp. 47 – 64.

［35］ Charles K. K. , Hurst E. , Roussanov N. , Conspicuous consumption and race. *The Quarterly Journal of Economics*, Vol. 124, No. 2, 2009, pp. 425 – 467.

[36] Chaturvedi A. , Chiu C. Y. , Viswanathan M. , Literacy, Negotiable Fate, and Thinking Style Among Low Income Women in India. *Journal of Cross-Cultural Psychology*, Vol. 40, No. 5, 2009, pp. 880 – 893.

[37] Chaxel A. S. , Why, When, and How Personal Control Impacts Information Processing: A Framework. *Journal of Consumer Research*, Vol. 43, No. 1, 2016, pp. 179 – 197.

[38] Chen C. Y. , Lee L. , Yap A. J. , Control Deprivation Motivates Acquisition of Utilitarian Products. *Journal of Consumer Research*, Vol. 43, No. 6, 2017a, pp. 1031 – 1047.

[39] Chen F. Y. , Sengupta J. , Forced to Be Bad: The Positive Impact of Low-Autonomy Vice Consumption on Consumer Vitality. *Journal of Consumer Research*, Vol. 41, No. 4, 2014, pp. 1089 – 1107.

[40] Chen R. P. , Wan E. W. , Levy E. , The effect of social exclusion on consumer preference for anthropomorphized brands. *Journal of Consumer Psychology*, Vol. 27, No. 1, 2017b, pp. 23 – 34.

[41] Chirkov V. I. , Ryan R. M. , Willness C. , Cultural context and psychological needs in Canada and Brazil-Testing a self-determination approach to the internalization of cultural practices, identity, and well-being. *Journal of Cross-Cultural Psychology*, Vol. 36, No. 4, 2005, pp. 423 – 443.

[42] Coleman N. V. , Williams P. , Morales A. C. , Identity Threats, Compensatory Consumption, and Working Memory Capacity: How Feeling Threatened Leads to Heightened Evaluations of Identity-Relevant Products. *Journal of Consumer Research*, Vol. 46, No. 1, 2019, pp. 99 – 118.

[43] Consiglio I. , De Angelis M. , Costabile M. , The Effect of Social

Density on Word of Mouth. *Journal of Consumer Research*, Vol. 45, No. 3, 2018, pp. 511 –528.

[44] Cornil Y., Chandon P., From Fan to Fat? Vicarious Losing Increases Unhealthy Eating, but Self-Affirmation Is an Effective Remedy. *Psychological Science*, Vol. 24, No. 10, 2013, pp. 1936 –1946.

[45] Crocker J., Major B., Social stigma and self-esteem: The self-protective properties of stigma. *Psychological Review*, Vol. 96, No. 4, 1989, P. 608.

[46] Crocker J., Park L. E., The Costly Pursuit of Self-Esteem. *Psychological Bulletin*, Vol. 130, No. 3, 2004, pp. 392 –414.

[47] Crombez G., Eccleston C., Vlieger P., et al., Is it better to have controlled and lost than never to have controlled at all? An experimental investigation of control over pain. *Pain*, Vol. 137, 2008, pp. 631 –639.

[48] Cryder C. E., Lerner J. S., Gross J. J., et al., Misery is not miserly: Sad and self-focused individuals spend more. *Psychological Science*, Vol. 19, No. 6, 2008, pp. 525 –530.

[49] Csikszentmihalyi M., The Costs and Benefits of Consuming. *Journal of Consumer Research*, Vol. 27, No. 2, 2000, pp. 267 –272.

[50] Csikszentmihalyi M. *Flow: The Psychology of Optimal Experience*. New York: Harper Collins, 2008.

[51] Cutright K. M., The Beauty of Boundaries: When and Why We Seek Structure in Consumption. *Journal of Consumer Research*, Vol. 38, No. 5, 2012, pp. 775 –790.

[52] Cutright K. M., Bettman J. R., Fitzsimons G. J., Putting Brands in Their Place: How a Lack of Control Keeps Brands Contained. *Journal of Marketing Research*, Vol. 50, No. 3, 2013, pp. 365 –377.

［53］ Cutright K. M. , Samper A. , Doing It the Hard Way: How Low Control Drives Preferences for High-Effort Products and Services. *Journal of Consumer Research*, Vol. 41, No. 3, 2014, pp. 730 – 745.

［54］ Cutright K. M. , Wu E. C. , Banfield J. C. , et al. , When your world must be defended: Choosing products to justify the system. *Journal of Consumer Research*, Vol. 38, No. 1, 2011, pp. 62 – 77.

［55］ Dahl D. W. , Moreau C. P. , Thinking inside the box: Why consumers enjoy constrained creative experiences. *Journal of Marketing Research*, Vol. 44, No. 3, 2007, pp. 357 – 369.

［56］ Dahl D. W. , Moreau P. , The influence and value of analogical thinking during new product ideation. *Journal of Marketing Research*, Vol. 39, No. 1, 2002, pp. 47 – 60.

［57］ Dalton A. N. , Huang L. , Motivated forgetting in response to social identity threat. *Journal of Consumer Research*, Vol. 40, No. 6, 2014, pp. 1017 – 1038.

［58］ Deci E. , *Motivation, personality, and development within embedded social contexts: An overview of self-determination theory.* The Oxford handbook of human motivation, 2012.

［59］ Deci E. L. , Effects of externally mediated rewards on intrinsic motivation. *Journal of Personality and Social Psychology*, Vol. 18, No. 1, 1971, pp. 105 – 115.

［60］ Deci E. L. , Koestner R. , Ryan R. M. , A meta-analytic review of experiments examining the effects of extrinsic rewards on intrinsic motivation. *Psychological Bulletin*, Vol. 125, No. 6, 1999, pp. 627 – 668.

［61］ Deci E. L. , Ryan R. M. , A motivational approach to self: integration in personality. *Nebraska Symposium on Motivation Nebraska Symposium on Motivation*, Vol. 38, No. 2, 1991, P. 237.

[62] Deci E. L., Ryan R. M., The "what" and "why" of goal pursuits: Human needs and the self-determination of behavior. *Psychological Inquiry*, Vol. 11, No. 4, 2000, pp. 227 – 268.

[63] Deci E. L., Ryan R. M. *Autonomy and need satisfaction in close relationships: Relationships motivation theory.* New York: Springer, 2014.

[64] Dellaert B. G. C., Stremersch S., Marketing Mass-Customized Products: Striking a Balance Between Utility and Complexity. *Journal of Marketing Research*, Vol. 42, No. 2, 2005, pp. 219 – 227.

[65] Dichter E., *How Word-of-Mouth Advertising Works*. Harvard Business Review, Vol. 44, No. 6, 1966, P. 147.

[66] Dittmar H., Bond R., Hurst M., et al., The relationship between materialism and personal well-being: A meta-analysis. *Journal of Personality Social Psychology*, Vol. 107, No. 5, 2014, pp. 879 – 924.

[67] Dommer S. L., Swaminathan V., Ahluwalia R., Using Differentiated Brands to Deflect Exclusion and Protect Inclusion: The Moderating Role of Self-Esteem on Attachment to Differentiated Brands. *Journal of Consumer Research*, Vol. 40, No. 4, 2013, pp. 657 – 675.

[68] Dubois D., Rucker D. D., Galinsky A. D., Super size me: Product size as a signal of status. *Journal of Consumer Research*, Vol. 38, No. 6, 2012, pp. 1047 – 1062.

[69] Duclos R., Wan E. W., Jiang Y. W., Show Me the Honey! Effects of Social Exclusion on Financial Risk-Taking. *Journal of Consumer Research*, Vol. 40, No. 1, 2013, pp. 122 – 135.

[70] Dweck C. S. *Mindset: The new psychology of success (Updated edition)*. New York: Random House, 2016.

［71］ Eisenberger N. I. , Lieberman M. D. , Williams K. D. , Does rejection hurt? An fMRI study of social exclusion. *Science*, Vol. 302, No. 5643, 2003, pp. 290 – 292.

［72］ Epley N. , Waytz A. , Cacioppo J. T. , On seeing human: A three-factor theory of anthropomorphism. *Psychological Review*, Vol. 114, No. 4, 2007, pp. 864 – 886.

［73］ Faraji-Rad A. , Melumad S. , Johar G. V. , Consumer desire for control as a barrier to new product adoption. *Journal of Consumer Psychology*, Vol. 27, No. 3, 2017, pp. 347 – 354.

［74］ Festinger A. *A Theory of Cognitive Dissonance*. Stanford, California: Stanford University Press, 1957.

［75］ Franke N. , Keinz P. , Steger C. J. , Testing the Value of Customization: When Do Customers Really Prefer Products Tailored to Their Preferences? *Journal of Marketing*, Vol. 73, No. 5, 2009, pp. 103 – 121.

［76］ Franke N. , Piller F. , Value Creation by Toolkits for User Innovation and Design: The Case of the Watch Market. *Journal of Product Innovation Management*, Vol. 21, No. 6, 2004, pp. 401 – 415.

［77］ Franke N. , Schreier M. , Product uniqueness as a driver of customer utility in mass customization. *Marketing Letters*, Vol. 19, No. 2, 2008, pp. 93 – 107.

［78］ Franke N. , Schreier M. , Why Customers Value Self-Designed Products: The Importance of Process Effort and Enjoyment. *Journal of Product Innovation Management*, Vol. 27, No. 7, 2010, pp. 1020 – 1031.

［79］ Friesen J. P. , Kay A. C. , Eibach R. P. , et al. , Seeking Structure in Social Organization: Compensatory Control and the Psychological Advantages of Hierarchy. *Journal of Personality and Social Psychology*, Vol. 106,

No. 4, 2014, pp. 590 – 609.

[80] Fritsche I., Jonas E., Ablasser C., et al., The power of we: Evidence for group-based control. *Journal of Experimental Social Psychology*, Vol. 49, No. 1, 2013, pp. 19 – 32.

[81] Galinsky A., Whitson J., Huang L., et al., Not So Fluid and Not So Meaningful: Toward an Appreciation of Content-Specific Compensation. *Psychological Inquiry*, Vol. 23, 2012, pp. 339 – 345.

[82] Gao L., Wheeler S. C., Shiv B., The "Shaken Self": Product Choices as a Means of Restoring Self-View Confidence. *Journal of Consumer Research*, Vol. 36, No. 1, 2009, pp. 29 – 38.

[83] Gardner M. P., Wansink B., Kim J., et al., Better moods for better eating?: How mood influences food choice. *Journal of Consumer Psychology*, Vol. 24, No. 3, 2014, pp. 320 – 335.

[84] Garg N., Lerner J. S., Sadness and consumption. *Journal of Consumer Psychology*, Vol. 23, No. 1, 2013, pp. 106 – 113.

[85] Garg N., Wansink B., Inman J. J., The influence of incidental affect on consumers' food intake. *Journal of Marketing*, Vol. 71, No. 1, 2007, pp. 194 – 206.

[86] Geert H., Hofstede G. J. Cultures and Organizations. Software of the Mind. 2004.

[87] Glass D. C., Singer J. E., Leonard H. S., et al., Perceived control of aversive stimulation and the reduction of stress responses. *Journal of Personality*, Vol. 41, No. 4, 1974, pp. 577 – 595.

[88] Goode C., Keefer L. A., Branscombe N. R., et al., Group identity as a source of threat and means of compensation: Establishing personal control through group identification and ideology. *European Journal of Social*

Psychology, Vol. 47, No. 3, 2017, pp. 259 – 272.

[89] Gray J. A. , The neuropsychology of anxiety. *British Journal of Psychology*, Vol. 69, No. 4, 1978, pp. 417 – 434.

[90] Greenberg J. , Solomon S. , Arndt J. , A basic but uniquely human motivation: Terror management. *Handbook of motivation science*, 2008, pp. 114 – 154.

[91] Guinote A. , Brown M. , Fiske S. T. , Minority status decreases sense of control and increases interpretive processing. *Social Cognition*, Vol. 24, No. 2, 2006, pp. 169 – 186.

[92] Hagger M. S. , Chatzisarantis N. L. D. , Causality orientations moderate the undermining effect of rewards on intrinsic motivation. *Journal of Experimental Social Psychology*, Vol. 47, No. 2, 2011, pp. 485 – 489.

[93] Hamerman E. J. , Johar G. V. , Conditioned Superstition: Desire for Control and Consumer Brand Preferences. *Journal of Consumer Research*, Vol. 40, No. 3, 2013, pp. 428 – 443.

[94] Hamilton V. , Lerner M. , The Belief in a Just World: A Fundamental Delusion. *Contemporary Sociology*, Vol. 11, 1982, pp. 236.

[95] Han D. , Duhachek A. , Rucker D. , Distinct Threats, Common Remedies: How Consumers Cope with Psychological Threat. *Journal of Consumer Psychology*, Vol. 25, No. 4, 2015, pp. 531 – 545.

[96] Harmon-Jones C. , Schmeichel B. J. , Harmon-Jones E. , Symbolic self-completion in academia: evidence from department web pages and email signature files. *European Journal of Social Psychology*, Vol. 39, No. 2, 2009, pp. 311 – 316.

[97] Hayes A. F. *Introduction to mediation, moderation, and conditional process analysis: A regression-based approach.* New York: Guilford Pub-

lications, 2017.

[98] Heatherton T. F. , Baumeister R. F. , Binge eating as escape from self-awareness. *Psychological Bulletin*, Vol. 110, No. 1, 1991, P. 86.

[99] Heatherton T. F. , Vohs K. D. , Interpersonal evaluations following threats to self: Role of self-esteem. *Journal of Personality Social Psychology*, Vol. 78, No. 4, 2000, P. 725.

[100] Heine S. , Lehman D. , Culture, Dissonance, and Self-Affirmation. *Personality and Social Psychology Bulletin*, Vol. 23, 1997, pp. 389 – 400.

[101] Heine S. , Lehman D. , Markus H. , et al. , Is There a Universal Need for Positive Self-Regard. *Psychological Review*, Vol. 106, 1999, pp. 766 – 794.

[102] Heine S. J. , Proulx T. , Vohs K. D. , The meaning maintenance model: On the coherence of social motivations. *Personality and Social Psychology Review*, Vol. 10, No. 2, 2006, pp. 88 – 110.

[103] Higgins E. T. , Self-discrepancy—a theory relating self and affect. *Psychological Review*, Vol. 94, No. 3, 1987, pp. 319 – 340.

[104] Hirschberger G. , Terror Management and Attributions of Blame to Innocent Victims: Reconciling Compassionate and Defensive Responses. *Journal of Personality and Social Psychology*, Vol. 91, 2006, pp. 832 – 844.

[105] Hoegg J. , Scott M. L. , Morales A. C. , et al. , The flip side of vanity sizing: How consumers respond to and compensate for larger than expected clothing sizes. *Journal of Consumer Psychology*, Vol. 24, No. 1, 2014, pp. 70 – 78.

[106] Huang J. , Bargh J. , The Selfish Goal: Autonomously operating motivational structures as the proximate cause of human judgment and behavior. *The Behavioral and brain sciences*, Vol. 37, 2014, pp. 121 – 135.

［107］ Inesi M. E. , Botti S. , Dubois D. , et al. , Power and Choice: Their Dynamic Interplay in Quenching the Thirst for Personal Control. *Psychological Science*, Vol. 22, No. 8, 2011, pp. 1042 – 1048.

［108］ Inglehart R. *Cultural evolution: people's motivations are changing, and reshaping the world.* Cambridge University Press, 2018.

［109］ Janoff-Bulman, Ronnie. *Shattered Assumptions: Towards a New Psychology of Trauma.* New York: Free Press, 1992.

［110］ Ji L. J. , Peng K. P. , Nisbett R. E. , Culture, control, and perception of relationships in the environment. *Journal of Personality and Social Psychology*, Vol. 78, No. 5, 2000, pp. 943 – 955.

［111］ Jonas E. , Mcgregor I. , Klackl J. , et al. *Chapter Four-Threat and Defense: From Anxiety to Approach* ［C］//J. M. OLSON, M. P. ZANNA. Advances in Experimental Social Psychology. Academic Press, 2014: 219 – 286.

［112］ Jost J. , Banaji M. , The Role of Stereotyping in System-Justification and the Production of False Consciousness. *British Journal of Social Psychology*, Vol. 33, 2011, pp. 1 – 27.

［113］ Kacelnik A. , Marsh B. , Cost can increase preference in starlings. *Animal Behaviour*, Vol. 63, No. 2, 2002, pp. 245 – 250.

［114］ Kahneman D. , Choices, Values and Frames. *American Psychologist*, Vol. 39, 2000, pp. 673 – 692.

［115］ Karlsson K. , Nilholm C. , Democracy and dilemmas of self-determination. *Disability & Society*, Vol. 21, No. 2, 2006, pp. 193 – 207.

［116］ Kasser T. , Ryan R. M. , A dark side of the American dream: Correlates of financial success as a central life aspiration. *Journal of Personality and Social Psychology*, Vol. 65, No. 2, 1993, pp. 410 – 422.

[117] Kasser T., Ryan R. M., Further examining the American dream: Differential correlates of intrinsic and extrinsic goals. *Personality and Social Psychology Bulletin*, Vol. 22, No. 3, 1996, pp. 280 – 287.

[118] Kay A. C., Blatz C. W., Shepherd S., et al., For God (or) Country: The Hydraulic Relation Between Government Instability and Belief in Religious Sources of Control. *Journal of Personality & Social Psychology*, Vol. 99, No. 5, 2010, pp. 725 – 739.

[119] Kay A. C., Gaucher D., Napier J. L., et al., God and the government: Testing a compensatory control mechanism for the support of external systems. *Journal of Personality and Social Psychology*, Vol. 95, No. 1, 2008, pp. 18 – 35.

[120] Kay A. C., Whitson J. A., Gaucher D., et al., Compensatory Control: Achieving Order Through the Mind, Our Institutions, and the Heavens. *Current Directions in Psychological Science*, Vol. 18, No. 5, 2009, pp. 264 – 268.

[121] Kim H. -Y., Mcgill A. L., Minions for the Rich? Financial Status Changes How Consumers See Products with Anthropomorphic Features. *Journal of Consumer Research*, Vol. 45, No. 2, 2018, pp. 429 – 450.

[122] Kim S., Chen R. P., Zhang K., Anthropomorphized Helpers Undermine Autonomy and Enjoyment in Computer Games. *Journal of Consumer Research*, Vol. 43, No. 2, 2016, pp. 282 – 302.

[123] Kim S., Gal D., From Compensatory Consumption to Adaptive Consumption: The Role of Self-Acceptance in Resolving Self-Deficits. *Journal of Consumer Research*, Vol. 41, No. 2, 2014, pp. 526 – 542.

[124] Kim S., Rucker D. D., Bracing for the Psychological Storm: Proactive versus Reactive Compensatory Consumption. *Journal of Consumer*

Research, Vol. 39, No. 4, 2012, pp. 815 – 830.

［125］ Kivetz R. , Promotion Reactance: The Role of Effort-Reward Con-gruity. *Journal of Consumer Research*, Vol. 31, No. 4, 2005, pp. 725 – 736.

［126］ Koestner R. , Zuckerman M. , Causality orientations, failure, and achievement. *Journal of Personality*, Vol. 62, No. 3, 1994, pp. 321 – 346.

［127］ Koole S. L. , Schlinkert C. , Maldei T. , et al. , Becoming who you are: An integrative review of self-determination theory and personality sys-tems interactions theory. *Journal of Personality*, Vol. 87, No. 1, 2019, pp. 15 – 36.

［128］ Lachman M. E. , Weaver S. L. , The sense of control as a mod-erator of social class differences in health and well-being. *Journal of Personali-ty and Social Psychology*, Vol. 74, No. 3, 1998, pp. 763 – 773.

［129］ Landau M. , Johns M. , Greenberg J. , et al. , A Function of Form: Terror Management and Structuring the Social World. *Journal of Per-sonality and Social Psychology*, Vol. 87, 2004, pp. 190 – 210.

［130］ Landau M. J. , Kay A. C. , Whitson J. A. , Compensatory Con-trol and the Appeal of a Structured World. *Psychological Bulletin*, Vol. 141, No. 3, 2015, pp. 694 – 722.

［131］ Langer E. J. , The Illusion of Control. *Journal of Personality and Social Psychology*, Vol. 32, No. 2, 1975, pp. 311 – 328.

［132］ Laran J. , Janiszewski C. , Work or Fun? How Task Construal and Completion Influence Regulatory Behavior. *Journal of Consumer Research*, Vol. 37, No. 6, 2011, pp. 967 – 983.

［133］ Lastovicka J. L. , Fernandez K. V. , Three paths to disposition: The movement of meaningful possessions to strangers. *Journal of Consumer Re-search*, Vol. 31, No. 4, 2005, pp. 813 – 823.

[134] Lastovicka J. L., Sirianni N. J., Truly, madly, deeply: Consumers in the throes of material possession love. *Journal of Consumer Research*, Vol. 38, No. 2, 2011, pp. 323 – 342.

[135] Laurin K., Kay A. C., Moscovitch D. A., On the belief in God: Towards an understanding of the emotional substrates of compensatory control. *Journal of Experimental Social Psychology*, Vol. 44, No. 6, 2008, pp. 1559 – 1562.

[136] Leary M. R., Baumeister R. F. *The nature and function of self-esteem: Sociometer theory.* Elsevier, 2000.

[137] Leary M. R., Tambor E. S., Terdal S. K., et al., Self-esteem as an interpersonal monitor: The sociometer hypothesis. *Journal of Personality Social Psychology*, Vol. 68, No. 3, 1995, P. 518.

[138] Lee J., Shrum L. J., Conspicuous Consumption versus Charitable Behavior in Response to Social Exclusion: A Differential Needs Explanation. *Journal of Consumer Research*, Vol. 39, No. 3, 2012, pp. 530 – 544.

[139] Lembregts C., Pandelaere M., Falling Back on Numbers: When Preference for Numerical Product Information Increases after a Personal Control Threat. *Journal of Marketing Research*, Vol. 56, No. 1, 2019, pp. 104 – 122.

[140] Lerner J. S., Small D. A., Loewenstein G., Heart strings and purse strings: Carryover effects of emotions on economic decisions. *Psychological Science*, Vol. 15, No. 5, 2004, pp. 337 – 341.

[141] Leung E., Paolacci G., Puntoni S., Man Versus Machine: Resisting Automation in Identity-Based Consumer Behavior. *Journal of Marketing Research*, Vol. 55, No. 6, 2018, pp. 818 – 831.

[142] Levav J., Zhu R., Seeking Freedom through Variety. *Journal*

of Consumer Research, Vol. 36, No. 4, 2009, pp. 600 – 610.

[143] Lisjak M., Bonezzi A., Kim S., et al., Perils of Compensatory Consumption: Within-Domain Compensation Undermines Subsequent Self-Regulation. *Journal of Consumer Research*, Vol. 41, No. 5, 2015, pp. 1186 – 1203.

[144] Loveland K. E., Smeesters D., Mandel N., Still preoccupied with 1995: The need to belong and preference for nostalgic products. *Journal of Consumer Research*, Vol. 37, No. 3, 2010, pp. 393 – 408.

[145] Luck A., Pearson S., Maddern G., et al., Effects of video information on precolonoscopy anxiety and knowledge: a randomised trial. *Lancet*, Vol. 354, No. 9195, 1999, pp. 2032 – 2035.

[146] Lynn M., Harris J., The Desire for Unique Consumer Products: A New Individual Differences Scale. *Psychology & Marketing*, Vol. 14, No. 6, 1997, pp. 601 – 616.

[147] Mandel N., Rucker D. D., Levav J., et al., The Compensatory Consumer Behavior Model: How self-discrepancies drive consumer behavior. *Journal of Consumer Psychology*, Vol. 27, No. 1, 2017, pp. 133 – 146.

[148] Mandel N., Smeesters D., The sweet escape: Effects of mortality salience on consumption quantities for high- and low-self-esteem consumers. *Journal of Consumer Research*, Vol. 35, No. 2, 2008, pp. 309 – 323.

[149] Markus H. R., Schwartz B., Does Choice Mean Freedom and Well-Being? *Journal of Consumer Research*, Vol. 37, No. 2, 2010, pp. 344 – 355.

[150] Martens A., Johns M., Greenberg J., et al., Combating stereotype threat: The effect of self-affirmation on women's intellectual performance. *Journal of Experimental Social Psychology*, Vol. 42, No. 2, 2006, pp. 236 – 243.

[151] Martin K. D., Hill R. P., Life Satisfaction, Self-Determina-

tion, and Consumption Adequacy at the Bottom of the Pyramid. *Journal of Consumer Research*, Vol. 38, No. 6, 2012, pp. 1155 – 1168.

[152] Maslow A. H. *Motivation and personality.* Prabhat Prakashan, 1981.

[153] Mead N. L. , Baumeister R. F. , Stillman T. F. , et al. , Social Exclusion Causes People to Spend and Consume Strategically in the Service of Affiliation. *Journal of Consumer Research*, Vol. 37, No. 5, 2011, pp. 902 – 919.

[154] Mehta R. , Dahl D. W. , Zhu R. , Social-Recognition versus Financial Incentives? Exploring the Effects of Creativity-Contingent External Rewards on Creative Performance. *Journal of Consumer Research*, Vol. 44, No. 3, 2017, pp. 536 – 553.

[155] Mehta R. , Zhu R. , Cheema A. , Is Noise Always Bad? Exploring the Effects of Ambient Noise on Creative Cognition. *Journal of Consumer Research*, Vol. 39, No. 4, 2012, pp. 784 – 799.

[156] Michel S. , Kreuzer M. , Kühn R. , et al. , Mass-customised products: are they bought for uniqueness or to overcome problems with standard products? *Journal of Customer Behaviour*, Vol. 8, No. 4, 2009, pp. 307 – 327.

[157] Mochon D. , Norton M. I. , Ariely D. , Bolstering and restoring feelings of competence via the IKEA effect. *International Journal of Research in Marketing*, Vol. 29, No. 4, 2012, pp. 363 – 369.

[158] Mogilner C. , Rudnick T. , Iyengar S. S. , The Mere Categorization Effect: How the Presence of Categories Increases Choosers' Perceptions of Assortment Variety and Outcome Satisfaction. *Journal of Consumer Research*, Vol. 35, No. 2, 2008, pp. 202 – 215.

[159] Molden D. C. , Lucas G. A. , Gardner W. L. , et al. , Motiva-

tions for Prevention or Promotion Following Social Exclusion: Being Rejected Versus Being Ignored. *Journal of Personality and Social Psychology*, Vol. 96, No. 2, 2009, pp. 415 – 431.

[160] Moreau C. P. , Dahl D. W. , Designing the solution: The impact of constraints on consumers' creativity. *Journal of Consumer Research*, Vol. 32, No. 1, 2005, pp. 13 – 22.

[161] Moreau C. P. , Herd K. B. , To Each His Own? How Comparisons with Others Influence Consumers' Evaluations of Their Self-Designed Products. *Journal of Consumer Research*, Vol. 36, No. 5, 2010, pp. 806 – 819.

[162] Morrison K. R. , Johnson C. S. , When what you have is who you are: Self-uncertainty leads individualists to see themselves in their possessions. *Personality Social Psychology Bulletin*, Vol. 37, No. 5, 2011, pp. 639 – 651.

[163] Moskalenko S. , Heine S. J. J. P. , Bulletin S. P. , Watching your troubles away: Television viewing as a stimulus for subjective self-awareness. *Personality Social Psychology Bulletin*, Vol. 29, No. 1, 2003, pp. 76 – 85.

[164] Mourey J. A. , Olson J. G. , Yoon C. , Products as Pals: Engaging with Anthropomorphic Products Mitigates the Effects of Social Exclusion. *Journal of Consumer Research*, Vol. 44, No. 2, 2017, pp. 414 – 431.

[165] Murphy M. C. , Steele C. M. , Gross J. J. , Signaling threat: How situational cues affect women in math, science, and engineering settings. *Psychological Science*, Vol. 18, No. 10, 2007, pp. 879 – 885.

[166] Mussweiler T. , Comparison processes in social judgment: mechanisms and consequences. *Psychological Review*, Vol. 110, No. 3, 2003, P. 472.

[167] Norton M. I. , Mochon D. , Ariely D. , The IKEA effect: When

labor leads to love. *Journal of Consumer Psychology*, Vol. 22, No. 3, 2012, pp. 453 – 460.

[168] Otterbring T. , Ringler C. , Sirianni N. J. , et al. , The Abercrombie & Fitch Effect: The Impact of Physical Dominance on Male Customers' Status-Signaling Consumption. *Journal of Marketing Research*, Vol. 55, No. 1, 2018, pp. 69 – 79.

[169] Packard G. , Wooten D. B. , Compensatory knowledge signaling in consumer word-of-mouth. *Journal of Consumer Psychology*, Vol. 23, No. 4, 2013, pp. 434 – 450.

[170] Park L. E. , Maner J. K. , Does self-threat promote social connection? The role of self-esteem and contingencies of self-worth. *Journal of Personality Social Psychology*, Vol. 96, No. 1, 2009, P. 203.

[171] Patrick V. M. , Hagtvedt H. , "I Don't" versus "I Can't": When Empowered Refusal Motivates Goal-Directed Behavior. *Journal of Consumer Research*, 2014, pp. S112 – S122.

[172] Peluso A. M. , Bonezzi A. , De Angelis M. , et al. , Compensatory word of mouth: Advice as a device to restore control. *International Journal of Research in Marketing*, Vol. 34, No. 2, 2017, pp. 499 – 515.

[173] Piaget J. *The Origins of Intelligence in Children*. New York: International University Press, 1952.

[174] Pickett C. L. , Gardner W. L. , Knowles M. , Getting a cue: The need to belong and enhanced sensitivity to social cues. *Personality Social Psychology Bulletin*, Vol. 30, No. 9, 2004, pp. 1095 – 1107.

[175] Polivy J. , Herman C. P. , Mcfarlane T. , Effects of anxiety on eating: Does palatability moderate distress-induced overeating in dieters? *Journal of Abnormal Psychology*, Vol. 103, No. 3, 1994, P. 505.

［176］ Price L. L. , Coulter R. A. , Strizhakova Y. , et al. , The Fresh Start Mindset: Transforming Consumers' Lives. *Journal of Consumer Research*, Vol. 45, No. 1, 2018, pp. 21 – 48.

［177］ Proulx T. , Inzlicht M. , The five "A"s of meaning maintenance: Finding meaning in the theories of sense-making. *Psychological Inquiry*, Vol. 23, No. 4, 2012, pp. 317 – 335.

［178］ Puzakova M. , Aggarwal P. , Brands as Rivals: Consumer Pursuit of Distinctiveness and the Role of Brand Anthropomorphism. *Journal of Consumer Research*, Vol. 45, No. 4, 2018, pp. 869 – 888.

［179］ Pyszczynski T. , Greenberg J. , Koole S. L. *Experimental Existential Psychology: Exploring the Human Confrontation with Reality.* New York: Guilford Press, 2004.

［180］ Randall T. , Terwiesch C. , Ulrich K. T. , Principles for User Design of Customized Products. *California Management Review*, Vol. 47, No. 4, 2005, pp. 68 – 85.

［181］ Randles D. , Heine S. J. , Santos N. , The common pain of surrealism and death: Acetaminophen reduces compensatory affirmation following meaning threats. *Psychological Science*, Vol. 24, No. 6, 2013, pp. 966 – 973.

［182］ Reeve J. , Jang H. S. , What teachers say and do to support students' autonomy during a learning activity. *Journal of Educational Psychology*, Vol. 98, No. 1, 2006, pp. 209 – 218.

［183］ Rothbaum F. , Weisz J. R. , Snyder S. S. , Changing the world and changing the self: A two-process model of perceived control. *Journal of Personality and Social Psychology*, Vol. 42, No. 1, 1982, pp. 5 – 37.

［184］ Rothschild Z. K. , Landau M. J. , Sullivan D. , et al. , A dual-motive model of scapegoating: Displacing blame to reduce guilt or increase control. *Journal of Personality and Social Psychology*, Vol. 102, No. 6, 2012, pp. 1148 – 1163.

[185] Rucker D., Galinsky A. D. *Compensatory consumption.* Taylor and Francis, 2013.

[186] Rucker D. D., Dubois D., Galinsky A. D., Generous Paupers and Stingy Princes: Power Drives Consumer Spending on Self versus Others. *Journal of Consumer Research*, Vol. 37, No. 6, 2011, pp. 1015 – 1029.

[187] Rucker D. D., Galinsky A. D., Desire to acquire: Powerlessness and compensatory consumption. *Journal of Consumer Research*, Vol. 35, No. 2, 2008, pp. 257 – 267.

[188] Rucker D. D., Galinsky A. D., Conspicuous consumption versus utilitarian ideals: How different levels of power shape consumer behavior. *Journal of Experimental Social Psychology*, Vol. 45, No. 3, 2009, pp. 549 – 555.

[189] Rucker D. D., Galinsky A. D., Dubois D., Power and consumer behavior: How power shapes who and what consumers value. *Journal of Consumer Psychology*, Vol. 22, No. 3, 2012, pp. 352 – 368.

[190] Rudd M., Feeling short on time: trends, consequences, and possible remedies. *Current Opinion in Psychology*, Vol. 26, 2019, pp. 5 – 10.

[191] Rudd M., Hildebrand C., Vohs K. D., Inspired to Create: Awe Enhances Openness to Learning and the Desire for Experiential Creation. *Journal of Marketing Research*, Vol. 55, No. 5, 2018, pp. 766 – 781.

[192] Rustagi N., Shrum L. J., Undermining the Restorative Potential of Compensatory Consumption: A Product's Explicit Identity Connection Impedes Self-Repair. *Journal of Consumer Research*, Vol. 46, No. 1, 2019, pp. 119 – 139.

[193] Rutjens B. T., Pligt J. V. D., Harreveld F. V., Deus or Dar-

win: Randomness and belief in theories about the origin of life. *Journal of Experimental Social Psychology*, Vol. 46, No. 6, 2010, pp. 1078 – 1080.

［194］ Ryan R. M. , Control and information in the intrapersonal sphere: An extension of cognitive evaluation theory. *Journal of Personality and Social Psychology*, Vol. 43, No. 3, 1982, pp. 450 – 461.

［195］ Ryan R. M. , Psychological Needs and the Facilitation of Integrative Processes. *Journal of Personality*, Vol. 63, No. 3, 1995, pp. 397 – 427.

［196］ Ryan R. M. , Connell J. P. , Perceived locus of causality and internalization: Examining reasons for acting in two domains. *Journal of Personality and Social Psychology*, Vol. 57, No. 5, 1989, pp. 749 – 761.

［197］ Ryan R. M. , Deci E. L. , When rewards compete with nature: The undermining of intrinsic motivation and self-regulation. *Intrinsic Extrinsic Motivation*, 2000, pp. 13 – 54.

［198］ Ryan R. M. , Deci E. L. , *Handbook of experimental existential psychology*. New York: Guilford Press, 2004.

［199］ Ryan R. M. , Deci E. L. , Self-regulation and the problem of human autonomy: Does psychology need choice, self-determination, and will? *Journal of Personality*, Vol. 74, No. 6, 2006, pp. 1557 – 1585.

［200］ Ryan R. M. , Deci E. L. *Self-determination theory: Basic psychological needs in motivation, development, and wellness.* Guilford Publications, 2017.

［201］ Savitsky K. , Medvec V. H. , Gilovich T. , Remembering and regretting: The Zeigarnik effect and the cognitive availability of regrettable actions and inactions. *Personality and Social Psychology Bulletin*, Vol. 23, No. 3, 1997, pp. 248 – 257.

［202］ Schneider K. J. , Pierson J. F. , Bugental J. F. *The handbook of humanistic psychology*: *Theory*, *research*, *and practice*. Sage Publications, 2014.

[203] Schouten J. W. , Selves in transition: Symbolic consumption in personal rites of passage and identity reconstruction. *Journal of Consumer Research*, Vol. 17, No. 4, 1991, pp. 412 – 425.

[204] Sedikides C. , Assessment, enhancement, and verification determinants of the self-evaluation process. *Journal of Personality and Social Psychology*, Vol. 65, No. 2, 1993, pp. 317 – 338.

[205] Shah A. K. , Mullainathan S. , Shafir E. , Some consequences of having too little. *Science*, Vol. 338, No. 6107, 2012, pp. 682 – 685.

[206] Shalley C. E. , Perry-Smith J. E. , Effects of Social-Psychological Factors on Creative Performance: The Role of Informational and Controlling Expected Evaluation and Modeling Experience. *Organizational Behavior & Human Decision Processes*, Vol. 84, No. 1, 2001, pp. 1 – 22.

[207] Sharma E. , Alter A. L. , Financial deprivation prompts consumers to seek scarce goods. *Journal of Consumer Research*, Vol. 39, No. 3, 2012, pp. 545 – 560.

[208] Sheldon K. M. , Osin E. N. , Gordeeva T. O. , et al. , Evaluating the dimensionality of self-determination theory's relative autonomy continuum. *Personality and Social Psychology Bulletin*, Vol. 43, No. 9, 2017, pp. 1215 – 1238.

[209] Sheldon K. M. , Prentice M. , Self-determination theory as a foundation for personality researchers. *Journal of Personality*, Vol. 87, No. 1, 2019, pp. 5 – 14.

[210] Sheldon K. M. , Williams G. , Joiner T. *Self-determination theory in the clinic*: *Motivating physical and mental health*. Yale University Press, 2008.

[211] Simon B. , Oakes P. , Beyond dependence: An identity approach to social power and domination. *Human Relations*, Vol. 59, No. 1, 2006, pp. 105 – 139.

[212] Simonson I. , Determinants of Customers' Responses to Customized Offers: Conceptual Framework and Research Propositions. *Journal of Marketing*, Vol. 69, No. 1, 2005, pp. 32 – 45.

[213] Simpson B. , White K. , Laran J. , When Public Recognition for Charitable Giving Backfires: The Role of Independent Self-Construal. *Journal of Consumer Research*, Vol. 44, No. 6, 2018, pp. 1257 – 1273.

[214] Snibbe A. C. , Markus H. R. , You Can't Always Get What You Want: Educational Attainment, Agency, and Choice. *Journal of Personality and Social Psychology*, Vol. 88, No. 4, 2005, pp. 703 – 720.

[215] Sobol K. , Darke P. R. , "I'd like to be that attractive, but at least I'm smart": How exposure to ideal advertising models motivates improved decision-making. *Journal of Consumer Psychology*, Vol. 24, No. 4, 2014, pp. 533 – 540.

[216] Spencer S. J. , Zanna M. P. , Fong G. T. , Establishing a causal chain: Why experiments are often more effective than mediational analyses in examining psychological processes. *Journal of Personality and Social Psychology*, Vol. 89, No. 6, 2005, pp. 845 – 851.

[217] Steele C. , Liu T. , Dissonance Processes as Self-Affirmation. *Journal of Personality and Social Psychology*, Vol. 45, 1983, pp. 5 – 19.

[218] Steele C. M. , Stereotyping and its threat are real. *American Psychologist*, Vol. 53, No. 6, 1998, pp. 680 – 681.

[219] Stone J. , Wiegand A. W. , Cooper J. , et al. , When exemplification fails: hypocrisy and the motive for self-integrity. *Journal of Personality*

Social Psychology, Vol. 72, No. 1, 1997, P. 54.

[220] Su L. , Jiang Y. W. , Chen Z. S. , et al. , Social Exclusion and Consumer Switching Behavior: A Control Restoration Mechanism. *Journal of Consumer Research*, Vol. 44, No. 1, 2017, pp. 99 – 117.

[221] Sullivan D. , Landau M. J. , Rothschild Z. K. , An existential function of enemyship: Evidence that people attribute influence to personal and political enemies to compensate for threats to control. *Journal of Personality and Social Psychology*, Vol. 98, No. 3, 2010, pp. 434 – 449.

[222] Tajfel H. , Turner J. C. , Austin W. G. , et al. , *The Social Identity Theory of Intergroup Behavior. In J. T. Jost & J. Sidanius (Eds.)*, Political psychology: Key readings (pp. 276 – 293). Psychology Press.

[223] Tesser A. , Crepaz N. , Collins J. C. , et al. , Confluence of self-esteem regulation mechanisms: On integrating the self-zoo. *Personality Social Psychology Bulletin*, Vol. 26, No. 12, 2000, pp. 1476 – 1489.

[224] Thompson S. C. *Intervening to enhance perceptions of control.* New York: Pergamon Press, 1991.

[225] Thompson S. C. *Naturally Occurring Perceptions of Control: A Model of Bounded Flexibility.* New York: Springer, 1993.

[226] Thorsten Hennig-Thurau F. , Gwinner K. P. , Walsh G. , et al. , Electronic word-of-mouth via consumer-opinion platforms: what motivates consumers to articulate themselves on the internet? *Journal of Interactive Marketing*, Vol. 18, No. 1, 2004, pp. 38 – 52.

[227] Townsend C. , Sood S. , Self-Affirmation through the Choice of Highly Aesthetic Products. *Journal of Consumer Research*, Vol. 39, No. 2, 2012, pp. 415 – 428.

[228] Tratensek, Dan, Jensen C. , Retail D-I-Y Market Profile.

Hardware Retailing, Vol. 191, No. 6, 2006, pp. 25 – 34.

[229] Trepte S. , Reinecke L. , The Pleasures of Success: Game-Related Efficacy Experiences as a Mediator Between Player Performance and Game Enjoyment. *Cyberpsychology Behavior and Social Networking*, Vol. 14, No. 9, 2011, pp. 555 – 557.

[230] Troisi J. D. , Gabriel S. , Chicken Soup Really Is Good for the Soul: "Comfort Food" Fulfills the Need to Belong. *Psychological Science*, Vol. 22, No. 6, 2011, pp. 747 – 753.

[231] Tullett A. M. , Kay A. C. , Inzlicht M. , Randomness increases self-reported anxiety and neurophysiological correlates of performance monitoring. *Social Cognitive and Affective Neuroscience*, Vol. 10, No. 5, 2015, pp. 628 – 635.

[232] Turner J. C. , Explaining the nature of power: a three-process theory. *European Journal of Social Psychology*, Vol. 35, No. 1, 2005, pp. 1 – 22.

[233] Vansteenkiste M. , Niemiec C. P. , Soenens B. , The development of the five mini-theories of self-determination theory: An historical overview, emerging trends, and future directions. *Advances in motivation achievement*, Vol. 16, 2010, pp. 105 – 165.

[234] Vignoles V. L. , Regalia C. , Manzi C. , et al. , Beyond self-esteem: Influence of multiple motives on identity construction. *Journal of Personality and Social Psychology*, Vol. 90, No. 2, 2006, pp. 308 – 333.

[235] Wan E. W. , Xu J. , Ding Y. , To be or not to be unique? The effect of social exclusion on consumer choice. *Journal of Consumer Research*, Vol. 40, No. 6, 2014, pp. 1109 – 1122.

[236] Wang C. S. , Whitson J. A. , Menon T. , Culture, control, and illusory pattern perception. *Social Psychological Personality Science*, Vol. 3,

No. 5, 2012, pp. 630 – 638.

[237] Warren C., Campbell M. C., What Makes Things Cool? How Autonomy Influences Perceived Coolness. *Journal of Consumer Research*, Vol. 41, No. 2, 2014, pp. 543 – 563.

[238] Watson M., Shove E., Product, Competence, Project and Practice DIY and the dynamics of craft consumption. *Journal of Consumer Culture*, Vol. 8, No. 1, 2008, pp. 69 – 89.

[239] Waytz A., Morewedge C. K., Epley N., et al., Making sense by making sentient: effectance motivation increases anthropomorphism. *Journal of Personality Social Psychology*, Vol. 99, No. 3, 2010, P. 410.

[240] Wehmeyer M. L., Beyond Self-Determination: Causal Agency Theory. *Journal of Developmental & Physical Disabilities*, Vol. 16, No. 4, 2004, pp. 337 – 359.

[241] White K., Dahl D. W., To be or not be? The influence of dissociative reference groups on consumer preferences. *Journal of Consumer Psychology*, Vol. 16, No. 4, 2006, pp. 404 – 414.

[242] White M. P., Dolan P., Accounting for the Richness of Daily Activities. *Psychological Science*, Vol. 20, No. 8, 2009, pp. 1000 – 1008.

[243] White R. W., Motivation reconsidered: The concept of competence. *Psychological Review*, Vol. 66, No. 5, 1959, pp. 297 – 333.

[244] Whitson J. A., Galinsky A. D., Lacking control increases illusory pattern perception. *Science*, Vol. 322, No. 5898, 2008, pp. 115 – 117.

[245] Wicklund R. A., Gollwitzer P. M., Symbolic self-completion, attempted influence, and self-deprecation. *Basic applied social psychology*, Vol. 2, No. 2, 1981, pp. 89 – 114.

[246] Willer R., Rogalin C. L., Conlon B., et al., Overdoing Gen-

der: A Test of the Masculine Overcompensation Thesis. *American Journal of Sociology*, *Vol.* 118, No. 4, 2013, pp. 980 – 1022.

[247] Williams K. D. *Ostracism: The power of silence.* Guilford Press, 2002.

[248] Ying Z. , Jing X. U. , Zixi J. , et al. , Been There, Done That: The Impact of Effort Investment on Goal Value and Consumer Motivation. *Journal of Consumer Research*, Vol. 38, No. 1, 2011, pp. 78 – 93.

[249] Yoon S. , Kim H. C. , Feeling Economically Stuck: The Effect of Perceived Economic Mobility and Socioeconomic Status on Variety Seeking. *Journal of Consumer Research*, Vol. 44, No. 5, 2018, pp. 1141 – 1156.

[250] Zadro L. , Williams K. D. , Richardson R. , How low can you go? Ostracism by a computer is sufficient to lower self-reported levels of belonging, control, self-esteem, and meaningful existence. *Journal of Experimental Social Psychology*, Vol. 40, No. 4, 2004, pp. 560 – 567.

[251] Zuckerman M. , Porac J. , Lathin D. , et al. , Importance of self-determination for intrinsically-motivated behavior. *Personality and Social Psychology Bulletin*, Vol. 4, No. 3, 1978, pp. 443 – 446.

后　记

　　本书的内容是我攻读博士期间的主要成果之一。研究的完成得到了很多老师和同门的帮助。整理文稿的过程，让我回想起了三载的珞珈山求学时光。

　　这个研究想法来源于意外的发现。我的研究方向是新产品营销。起初有一个想法是探讨控制感如何影响消费者对新产品的使用，但是构建出的模型逻辑上并不完善。我在研究过程中逐渐积累了很多控制感相关的文献，并对此产生了兴趣。控制感补偿的主要逻辑之一是秩序寻求机制。这一机制源于 2008 年《科学》（Science）周刊发表的一篇文章。之后在各个领域都出现了基于这一理论机制的应用。最近关于消费者行为的一些研究也开始探讨控制感缺失如何带来边框的产品或品牌、点值和范围值的数字形式等问题。我由此思考：控制感低的人一定会表现出"秩序寻求"吗？或者说有没有其他的方式可以给个体带来"秩序感"？在对此的探索中，我发现了创造体验型消费。直觉上认为这种消费行为也可以补偿个体的控制感缺失，但是其中逻辑并不清晰。而且，如果这种控制补偿的逻辑确实存在，就与已有的"秩序寻求"逻辑产生了非常有意思的冲突点。经过一段时间的思考和讨论，我们基于消费过程和结果视角调和了这种冲突，发现创造体验型消费也可以提供"秩序感"，与已有研究不同的是，这类控制补偿是基于对消费过程的把握。随后，通过一系列的实证研究，我们检验了相关研究模型和假设。

　　非常感谢我的导师黄静教授在本研究过程中的谆谆教诲。在我读书期间，黄老师就一直关心着我的学习和生活，给予了我极大的帮助。本书中的研究从问题提出到模型构建，都是在黄老师的不断鞭策中逐步进步和完善的。在黄老师不厌其烦的修改和打磨的过程中，我在论文写作方面收获非常大，感谢黄老师的耐心付出。本研究的完成还要感谢我的同门，我对于学术和研究的理解在和同门的讨论中得到了快速提高。特别鸣谢王锦堂师兄、刘洪亮师兄以及王正荣、许新宇、吕征陆、梁思斯、陈彦旭等同学对研究提出的宝贵意见。

转眼已入职海南大学管理学院一年多，整理出版此书，希望能够带着我在珞珈山时的积淀和初心，迎接新的挑战！

肖皓文

2022 年 6 月 19 日于海南大学社科楼